2017年
广州市未成年人阅读年度报告

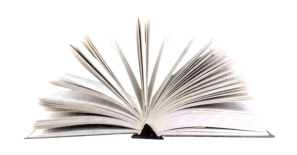

潘燕桃　肖　鹏　唐　琼
吴翠红　彭嗣禹　等　　　著

SPM
南方出版传媒
广东人民出版社
·广州·

图书在版编目（CIP）数据

2017 年广州市未成年人阅读年度报告／潘燕桃、肖鹏、唐琼、吴翠红、彭嗣禹等著. —广州：广东人民出版社，2017. 12

ISBN 978‑7‑218‑12258‑8

Ⅰ.①2… Ⅱ.①潘…②肖…③唐…④吴…⑤彭… Ⅲ.①少年儿童－阅读需求－调查报告－广州－2017 Ⅳ.①G259. 2

中国版本图书馆 CIP 数据核字（2017）第 273025 号

2017NIAN GUANGZHOUSHI WEICHENGNIANREN YUEDU NIANDU BAOGAO

2017 年广州市未成年人阅读年度报告

潘燕桃　肖　鹏　唐　琼　吴翠红　彭嗣禹等　著　　　　版权所有　翻印必究

出 版 人：肖风华

责任编辑：张贤明
装帧设计：彭　力
责任技编：周　杰　易志华　吴彦斌

出版发行：广东人民出版社
地　　址：广州市大沙头四马路 10 号（邮政编码：510102）
电　　话：（020）83798714（总编室）
传　　真：（020）83780199
网　　址：http：//www. gdpph. com
印　　刷：广州市浩诚印刷有限公司
开　　本：787mm×1092mm　1/16
印　　张：17　　**字　数**：330 千
版　　次：2017 年 12 月第 1 版　2017 年 12 月第 1 次印刷
定　　价：98. 00 元

如发现印装质量问题，影响阅读，请与出版社（020－83795749）**联系调换**。

目　　录

第一部分

整体报告

第 1 章 绪 论

1.1 研究背景与研究意义

阅读能启迪思考，阅读能增长智慧，阅读能养育美德。

2014 年，全民阅读首次被纳入政府工作报告。① 2016 年，国务院总理李克强第三年在"两会"报告中提出"倡导全民阅读"。2016 年 3 月发布的《国民经济和社会发展第十三个五年规划纲要》将"推动全民阅读"纳入其中，② 全民阅读成为国家"十三五"规划纲要中八项"文化重大工程"之一，反映了政府对阅读的重视。

早在 1982 年，国家教育委员会（1998 年后更名为教育部）、文化部、团中央和新闻出版署四部委联合发起"红领巾读书读报奖章活动"，迄今已举办 35 年。"全国青少年爱国主义读书教育活动""中国青少年新世纪读书计划"等专门针对未成年人的阅读活动层出不穷。

随着"全民阅读""建设书香社会"的提出，目前已有多个地方制定了全民阅读的相关法规与政策，包括《江苏省人民代表大会常务委员会关于促进全民阅读的决定》（2014）、《湖北省全民阅读促进办法》（2014）、《辽宁省人民代表大会常务委员会关于促进全民阅读的决定》（2015）、《深圳经济特区全民阅读促进条例》（2015）、《四川省人民代表大会常务委员会关于促进全民阅读的决定》（2016）和《云南省深入开展全民阅读实施意见》（2017）。尚未出台、正在征求意见的包括国家新闻出版广电总局起草的《全民阅读促

---

① 中国政府网. 李克强总理作政府工作报告（文字实录）[EB/OL]. (2014 - 03 - 05) [2017 - 02 - 06]. http://www. gov. cn/guowuyuan/2014 - 03/05/content_ 2629550. htm.

② 中央政府门户网站. 中华人民共和国国民经济和社会发展第十三个五年规划纲要 [EB/OL]. (2016 - 03 - 17) [2017 - 02 - 06]. http://www. gov. cn/xinwen/2016 - 03/17/content_ 5054992. htm.

进条例》（征求意见稿）①，以及《吉林省全民阅读促进条例》（征求意见稿）和《黑龙江省人民代表大会常务委员会关于促进全民阅读的决定》（草案）。在上述全民阅读相关法规和政策中，无论是已经颁布的，还是正在征求意见的，均无一例外地明确提出大力促进未成年人阅读或少年儿童阅读。可见，从地方层面到国家层面，全民阅读的一个共同要点就是强化并推动未成年人阅读。

广州是改革开放的前沿阵地，也是中国重要的国际化大都市之一。一直以来，广州市致力于打造"书香羊城"，举办"书香羊城——全民阅读系列活动"迄今已逾十年。2011 年，广州市抓住建设文化强市、培育世界文化名城的机遇，制定并出台了《"书香羊城"——全民阅读活动五年规划》。近年来，在广州，全民阅读与未成年人阅读日益受到广泛关注。在 2015 年 5 月 1 日施行的《广州市公共图书馆条例》中，有 4 条对全民阅读与未成年人阅读进行了专门规定：第九条："每年四月为广州读书月"，"文化行政主管部门、公共图书馆等行政管理部门和单位应当通过各种形式组织开展全民阅读推广活动"；第三十五条："公共图书馆应当为公众提供下列基本服务：……（三）开展全民阅读推广活动和信息素养教育"；第三十九条："公共图书馆应当通过推荐优秀读物、组织读书会、开展阅读辅导等形式，面向社会公众，重点面向少年儿童和青年倡导、推广阅读"；第四十九条第二款："少年儿童图书馆应当推进与中小学校图书馆的合作，通过流动站、流动车等方式向中小学生提供服务"。②

随着全民阅读的展开，各类机构也开始进行相关的阅读调查，并发布一系列阅读报告。其中较早的是中国新闻出版研究院（原中国出版科学研究所）1999 年启动的全国国民阅读调查，至今该机构已发布 14 次调查报告。然而，专门针对未成年人的阅读报告并不多。

综上，本项目的研究以及《2017 年广州市未成年人阅读年度报告》的出

---

① 中华人民共和国国家新闻出版广电总局. 国家新闻出版广电总局关于《全民阅读促进条例》（征求意见稿）公开征求意见的通知［EB/OL］.（2016 - 02 - 15）［2017 - 02 - 06］. http：//www. gapp. gov. cn/news/1663/274862. shtml.

② 潘燕桃，彭小群.《广州市公共图书馆条例》解读［M］. 广州：广东人民出版社，2015：3 - 15.

版，具有以下三个方面重要的现实意义与参考价值。

其一，本报告第一次全面展示广州市未成年人阅读的整体状况。迄今为止，英美各国的主要城市，以及中国的北京、上海、重庆等城市均已发布未成年人阅读调查报告。然而，至今未发现有广州市未成年人阅读调查相关报告。本项目的研究以及本报告的出版，不仅可填补这个空白，而且将第一次全面展示广州市未成年人阅读的整体面貌，进一步推广广州市全民阅读，尤其是广州市未成年人阅读。

其二，本报告是广州市响应和落实党和各级政府的"全民阅读"相关法规政策的最新研究成果之一。近年来党和国家颁布了一系列"全民阅读"相关法规和政策，这些法规与政策均无一例外地充分体现了党和各级政府对"全民阅读"的高度重视，同时明确提出了大力促进未成年人阅读或少年儿童阅读。可见，从国家层面到地方层面，全民阅读的一个共同要点就是强化并推动未成年人阅读。因此，本报告可视作响应和落实党和各级政府的"全民阅读"相关法规政策的最新研究成果之一。

其三，可为我国其他地方的未成年人阅读推广提供参考和借鉴。本报告兼顾科学性与通俗性，采用精细化的未成年年龄分层，研究方法科学可靠，内容全面丰富，数据翔实，条理清晰，图文并茂。本报告的出版，有利于进一步推广未成年人阅读，将为我国各级政府制定未成年人阅读推广的相关政策，为全国以及其他地方开展全民阅读推广，尤其是未成年人阅读推广提供参考和借鉴。

2016 年 4 月，为了更好地推广和促进广州市未成年人阅读，全面调查广州市未成年人阅读现状，了解其阅读需求、阅读行为及阅读趋势，广州少年儿童图书馆（以下简称"广州少儿馆"，全书同）委托中山大学图书馆与资讯科学研究所开展"广州市未成年人阅读调查研究"项目的研究工作，并由上述两个单位组成项目组。项目组于 2016 年 12 月至 2017 年 3 月期间，采用问卷调查（实际发放并回收问卷 2806 份，其中有效问卷 2769 份）、访谈调查与实地调查相结合的研究方法，从阅读态度、阅读行为、阅读资源、阅读影响、数字阅读等方面，对广州市未成年人的阅读状况开展了调查研究。

1.2 研究内容与研究方法

本调研主要以广州市未成年人、家长、教师作为调查对象，调查并分析广州市未成年人阅读行为、阅读需求、阅读兴趣、阅读方式、阅读感受和阅读活动参与等状况，客观评估广州市未成年人阅读现状，探索未成年人阅读的变化规律和发展趋势。特别需要说明的是，根据现有的研究成果与未成年人成长的特点，本研究把未成年人主要划分为婴幼儿（约 0～3 岁）、学龄前儿童（约 4～6 岁）、小学生（约 7～12 岁）和中学生（约 13～18 岁）4 个年龄段进行调查研究。

主要研究内容包括：第一，分别调研婴幼儿、学龄前儿童、小学生、中学生 4 个年龄段的未成年人图书阅读率、阅读习惯（阅读态度、类型倾向、阅读形式、阅读时间、阅读地点等）；第二，调研上述 4 个年龄段未成年人的阅读需求及阅读环境的认知与评价；第三，调研影响上述 4 个年龄段未成年人阅读的因素（阅读与家庭、阅读与图书馆等关系，家长的亲子阅读意识等）。需要说明的是，本次调查的中小学生的阅读主要是指课外阅读。

针对以上研究内容，本研究主要采用了以下 5 种研究方法：

（1）文献调查与分析方法。项目组采用文献调查与分析方法，对国内外阅读，尤其是未成年人阅读理论的研究成果，阅读及未成年人阅读现状调查研究成果，阅读相关法规与政策等进行了调查与分析。

（2）问卷调查法。项目组根据广州市情，按照广州市教育局在《2015 年广州市教育统计手册》中公布的在校学生人数，采用分层抽样方法，实际研究中对婴幼儿、学龄前儿童、小学生、中学生 4 个年龄段的 2806 位未成年人进行了问卷调查。

（3）访谈法。对家长、中小学校长、教师和图书馆工作人员等相关阅读工作人员进行访谈，了解相关机构为未成年人阅读提供支持与服务的情况。

（4）观察法。主要在各中小学及其图书馆、广州少儿馆、广州市各区公共图书馆内对未成年人的阅读状况，以及图书馆提供的未成年人阅读服务状况进行实地观察。

（5）统计方法。利用统计软件（SPSS 20.0 版），采用描述性统计方法，对本次调查所得的数据进行了统计分析。

1.3　研究综述

未成年人的阅读状况一直受到社会各界的广泛关注，现就国内外未成年人阅读调查研究现状进行综述。

1.3.1　国际未成年人阅读调查研究

国际上关于未成年人阅读调查研究较多，比较著名的是国际教育成就评价协会和英国国家教育研究基金会的相关调查研究。

从 2001 年起，国际教育成就评价协会（International Association for the E-valuation of Educational Achievement）每隔五年开展一次"国际阅读素养研究进展"（The Progress in International Reading Literacy Study）调查研究。该研究主要对小学四年级学生的阅读素养进行评估，并将各国阅读素养研究进展进行比较分析。该研究至今已开展 4 次，自第一届起参与国家不断增加，截止 2016 年已吸引 50 多个国家和地区参与。① 参与研究的国家对所在国儿童的阅读情况进行调查和分析，如南非的评价与评估中心（Centre for Evaluation and Assessment）于 2006 年在国际教育成就评价协会的赞助下，对南非全国的小学四、五年级学生共 3 万余人进行了阅读素养调查研究。该调查表明，南非小学生的阅读成就是参与国际教育成就评价协会阅读调查的所有国家中最低的，这引起了南非相关政府部门和机构对改革阅读课程、改善学校阅读环境、增加图书馆分馆的思考和对家庭教育的重视。②

多年来，英国一直持续开展对少儿阅读的调查研究。根据"2001 年国际阅读素养研究进展"调查结果发现，相比同龄人而言，英国小学生阅读享受

---

① The Progress in International Reading Literacy Study. Progress in International Reading Literacy Study［EB/OL］.［2017 - 02 - 06］. http：//www. iea. nl/pirls.

② The Progress in International Reading Literacy Study. . PIRLS 2006 Summary Report：South Africa Children's Reading Literacy Achievement［EB/OL］.［2017 - 02 - 06］. https：//nicspaull. files. wordpress. com/2011/04/howie - et - al - pirls - 2006 - sa - summary - re-port. pdf.

程度总体处于较低水平。为回应该次的研究结果，英国国家教育研究基金会（National Foundation for Educational Research）于 2003 年对四年级和六年级小学生进行了阅读素养与态度调查，主要关注阅读乐趣与阅读信心方面，并将其调查结果与 1998 年全国读写素养策略（National Literacy Strategy）的调查结果进行对比，发现在 1998 年至 2003 年间，与国际同龄人相比，英国小学生的阅读享受水平很低。根据这次调查结果，英国对相关政策进行了调整，并出台全国首要策略（National Primary Strategy），取代了全国读写素养策略。为了检查政策调整的效果，英国国家教育研究基金会于 2007 年采用同样的调查问卷再次进行调查，并将调查结果与上次调查结果进行对比，结果发现，在 2003 年至 2008 年间，英国小学生阅读享受水平和信心均保持在稳定水平。①

1.3.2　中国全国性未成年人阅读调查研究

自 1999 年中国新闻出版研究院开展第一次全国国民阅读调查，截至 2017 年已连续第十四次发布全国国民阅读调查报告。自 2008 年的第六次调查起，该报告增加了 0～18 岁未成年人为调查对象，并将未成年人分为 0～8 岁儿童、9～13 岁少年儿童、14～17 岁青少年 3 个年龄段进行调查。② 根据 2017 年发布的第十四次全国国民阅读调查报告显示，2016 年我国 0～17 岁未成年人图书阅读率为 85.0%，较 2015 年提升了 3.9 个百分点，未成年人的人均图书阅读量为 8.34 本，较 2015 年增加了 1.15 本。③

2011 年，中国少年儿童新闻出版总社低幼读物出版中心面向全国 31 个省、市、自治区、直辖市发放 80 多万份问卷进行全国性阅读调查。调查显示，儿童阅读书籍的主要来源为家庭购书，家庭阅读日益受到重视；但存在一些问题，如家长与儿童购书内容与动机方面的差异，家长在选择儿童图书和阅读方式上的困惑，对阅读指导的期待等。根据调查结果，调查组建议父

---

① Sainsbury, M. and Clarkson, R. Attitudes to reading at ages nine and eleven［EB/OL］.［2017-02-06］. https://www.nfer.ac.uk/publications/RAQ01/RAQ01.pdf.

② 中国出版科学研究所全国国民阅读调查课题组. 全国国民阅读调查报告［M］. 中国书籍出版社，2009.

③ 中国全民阅读网. 第十四次全国国民阅读调查成果发布［EB/OL］.［2017-04-23］. http://www.nationalreading.gov.cn/ReadBook/contents/6271/327248.shtml.

母应主动回应孩子提出的阅读需求，转变阅读观念，激发孩子的阅读欲望和兴趣。①

2016 年，中国童书博览会首次联合中国出版传媒商报及部分出版机构，从儿童阅读习惯、阅读资源和阅读影响三方面，对北京、上海、广州、深圳、成都、武汉和太原 7 个重点城市的 3～14 岁儿童及其家长进行了阅读调查，并发布了我国首份儿童阅读调查报告——《中国城市儿童阅读调查报告》。此次调查共发放问卷 4277 份，回收有效问卷 2257 份。调研显示，74.8% 的儿童从 2 岁前就开始阅读，68.0% 的 3～14 岁儿童每天阅读非教科书类读物的时间在 1 小时左右，64.2% 的 3～14 岁儿童的非教科书类读物的年阅读量超过 10 本，数字化阅读已经成为儿童阅读的重要部分。②

1.3.3　中国地方性未成年人阅读调查研究

目前，我国已有多个省市开展了未成年人阅读调查，主要包括福建、江苏、广东、浙江、陕西、北京、上海、重庆等省市。

2009 年，重庆市少年儿童图书馆组织开展了面向重庆市 14 个区县少儿课外阅读现状调研。该调查将调研对象限定为 8～13 岁的未成年人，从少年儿童课外阅读现状、影响因素等方面，随机抽取 55 所小学的二至六年级学生进行问卷调查，调查发现主要包括少年儿童课外阅读的喜好特点、目的特征、读物获取特点、阅读量和阅读时间的特点、接受指导情况和影响因素等。③

同年，新世纪出版社对广东省内 13 所中小学学生开展了较大规模的课外数字阅读状况问卷调查，共发放问卷 5000 份。该调查除了调研传统阅读行为之外，也调研了数字阅读行为与习惯，如网上阅读、网上购书、对数字阅读的评价等。调研表明，新媒体阅读发展迅猛，网络阅读娱乐化倾向加大，中

---

① 佚名 . 2011 儿童阅读调查报告 ［J］. 母婴世界，2011（6）：104 - 105.

② 《中国城市儿童阅读调查报告》显示童书市场潜力大满意度待提升 ［EB/OL］.［2017 - 02 - 08］. http：//www. cnepaper. com/zgtssb/html/2016 - 11/15/content_ 5_ 1. htm.

③ 刘方方，杨桃 . 少年儿童课外阅读现状的调查与分析——以重庆市为例（未完）［J］. 四川图书馆学报，2010（4）：53 - 58，（5）：28 - 31.

小学生的阅读习惯正产生深刻变化。①

2009 年，上海市少年儿童研究中心对上海 9 个区县的 16 所小学和初中学生的阅读状况进行了问卷和访谈调查，调研这些学生的阅读态度、阅读时间和影响因素，并对不同年龄段少儿的阅读量、阅读方式和阅读内容进行了分析。② 2013 年，该中心再次开展了少年儿童阅读现状调研，随机抽取了上海市小学四五年级、初中预备年级至初二年级学生作为调查样本，对学生课外阅读情况、学校图书馆的友好程度和利用程度进行了问卷调查，并在此基础上提出了学校图书馆建设建议。③

同年 11 月，上海市新闻出版局和团市委联合发布《上海市青少年阅读状况调查分析报告》，此次调查对象为 7～35 岁上海居民，共发放问卷 2000 份，对上海市青少年的阅读状况、阅读兴趣、阅读方式、阅读需求和阅读行为进行了调查研究。

2014 年，中国统计信息服务中心和千龙网联合发布《首都青少年阅读状况调查报告》，调查对象包括从小学一年级到大学研究生各个年龄段，年龄跨度从 6 岁至 25 岁以上，其调查结果揭示了北京地区青少年的阅读状况、阅读兴趣、阅读方式、阅读需求和阅读行为等。

2012 年，全国少年儿童阅读调查湖南省调查组在湖南省内长沙、株洲、湘潭等 9 地城区和乡镇对少年儿童进行问卷调查，共发放问卷 36000 多份，调查显示，虽然城乡儿童对阅读的喜爱基本一致，但乡镇少年儿童阅读动机更为功利，阅读时间更少，阅读数量有限；且由于经济原因乡镇儿童家庭藏书少，乡镇地区阅读条件不利，这些因素阻碍乡镇少年儿童形成阅读习惯。④

2011 年，有研究者对广东粤西地区和青海柴达木地区两个欠发达地区共12 所城乡小学学生进行了少年儿童阅读现状调查研究，在对上述两个地区少

---

① 陈锐军. 广东省青少年数字阅读现状调查与分析 [J]. 中国出版，2010（16）：55－58.

② 林频. 上海少年儿童阅读状况调查与分析 [J]. 青年学报，2010（2）：45－47.

③ 鲁旻. 少年儿童心目中的学校图书馆——2013 上海少年儿童阅读调研报告 [J]. 思想理论教育，2013（12）：35－37.

④ 薛天. 关于城乡少年儿童阅读状况的比较与思考——基于湖南省少年儿童阅读调查报告 [J]. 图书馆工作与研究，2013（1）：118－121.

年儿童阅读现状进行比较分析的基础上，提出搭建全国性的少儿图书数据信息共享平台，建立面向欠发达地区的馆校长期合作方式，图书馆、学校、出版社合作开展阅读推广活动等建议，并呼吁社会关注区域平衡发展，关注弱势幼儿。①

综上所述，在我国，关于未成年人阅读调查研究已有不少成果，然而，尚未发现有针对未成年人细分年龄段的（如细分为婴幼儿、学龄前儿童、小学生、中学生 4 个年龄段）、大规模的、持续性的年度调研成果，也未见有关于广州市市民，特别是未成年人阅读状况的全面调研成果，更未见有同时对未成年人及其相关群体（包括中小学教师、图书馆、家长等）进行调研的成果。因此，非常有必要在广州全市范围内，对各个年龄段的未成年人、家长、教师开展大规模的、持续性的年度调查研究，分析其阅读行为、阅读需求、阅读兴趣、阅读方式、阅读感受和阅读活动等状况，探索未成年人阅读的变化规律和发展趋势。

---

① 杨翠萍. 我国欠发达地区少年儿童阅读现状分析——以广东粤西和青海西部柴达木地区城乡小学生为例［J］. 图书馆论坛，2012（2）：135 – 139，95.

第 2 章　调研设计与实施

2.1　调研设计

在进行调查设计时，项目组根据广州市情，先将广州市全部 11 个区大致划分为老城区（包括越秀区、海珠区、荔湾区）、新城区（包括白云区、黄埔区、天河区）、周边区（包括番禺区、花都区、南沙区）和县级区（增城区、从化区）等四大区域，然后按照广州市教育局在《2015 年广州市教育统计手册》中公布的在校学生人数，对各个年龄段在校学生进行分层抽样之后得出了各个年龄段的样本数量，同时对各区在校学生人数进行分层抽样之后得出了四大区域各层次的预计样本总数为 2256 个。在其后的问卷调查的实际实施过程中，项目组较好地运用了抽样方法，共对 15 所幼儿园和中小学、3 个公园和 1 所少年儿童图书馆进行了调查，实际发放并回收 2806 份问卷，超过了原定抽样的样本数（2256 个）。下面将从抽样方法、调查对象、调研内容、调查指标和问卷设计等方面进行逐一说明。

2.1.1　抽样方法

根据 2016 年 5 月广州市教育局发布的《2015 年广州市教育统计手册》提供的相关数据（见表 2 - 1），运用抽样方法，项目组确定了这次调查的样本数量和分层设计。

表 2 - 1　2015 年广州基础教育统计人数

基础教育	学校数		班数	实际毕业生数	实际招生数	在校学生数	
	总计	民办				总计	民办
普通中学教育	510	203	12068	176666	171091	515228	120682

12

续表

基础教育	学校数		班数	实际毕业生数	实际招生数	在校学生数	
	总计	民办				总计	民办
初中	390	187	8249	118579	110824	336664	109621
高中	120	16	3819	58087	60267	178564	11061
小学教育	941	152	22919	125188	178035	937870	321411
幼儿教育	1666	1147	14275	128579	164102	445218	296158
特殊教育（含随班就读）	21	2	285	766	703	4281	151
工读教育	1	—	8	100	100	160	—

根据以上数据，对应三类未成年人群体：学龄前儿童、小学生、中学生，可设计出初步的分层抽样数量，确定按照千分之一抽样（见表2－2）。其后根据不同地区的具体情况有一定微调。如结合分区数据进一步分析后，学龄前儿童的预计抽样数量比最初增加了2人（见表2－2、表2－3的对比），其他年龄段也有类似的小幅度调整。

表2－2　分层抽样数量

群体	对应	在校学生人数	样本数量（千分之一抽样）
学龄前儿童	幼儿教育（幼儿园）	445218	445
小学生	小学教育	937870	938
中学生	中学教育	515228	515
总计		1898316	1898

首先，抽取学龄前儿童的样本，拟在不同区各选择一所幼儿园，然后根据幼儿教育统计人数，按比例抽样（见表2－3）。

表 2 - 3　学龄前儿童抽样数量

地域	人数	占总人数比例	抽样人数
全市	445218	100.00%①	447
荔湾区	23559	5.29%	24
越秀区	30524	6.86%	31
海珠区	39886	8.96%	40
天河区	44162	9.92%	44
白云区	85391	19.18%	85
黄埔区	14595	3.28%	15
番禺区	77081	17.31%	77
花都区	31938	7.17%	32
南沙区	20763	4.66%	21
萝岗区②	10073	2.26%	10
从化区	23726	5.33%	24
增城区	43520	9.77%	44

其次，抽取小学生的样本，同样拟在不同区各选一所学校，直接进行分年级抽样。其中，不同年级的比例从《小学班额情况》获得（见表 2 - 4）。

表 2 - 4　小学班额情况

年级	班额数	占总班额比例	
一年级	4294	0.187355	19%
二年级	4167	0.181814	18%
三年级	3887	0.169597	17%
四年级	3664	0.159867	16%
五年级	3562	0.155417	15%
六年级	3343	0.145862	15%
合计	22917	1	100%

---

① 在本报告中，合计百分比是合计人数占总有效人数的比例，由于四舍五入所导致的计算误差，部分表格可能会出现各行百分比的总和不完全等于合计百分比的情况。后面不再一一说明。

② 需要说明的是，在项目组开始调研时，广州区划进行了新的调整，萝岗区并入了黄埔区，因此将萝岗区的抽样人数计入黄埔区，余同。

因此，分年级抽取比例得到小学生抽样数量（见表2-5），并在后续调查时对每一年级进行男女（约1:1）比例的控制。

表2-5 小学生抽样数量

地域	人数	分区抽样数量						
		合计	一年级	二年级	三年级	四年级	五年级	六年级
全市	937870	938	179	170	159	150	140	140
荔湾区	59157	59	11	11	10	9	9	9
越秀区	63617	64	12	12	11	10	10	10
海珠区	83786	83	16	15	14	13	12	12
天河区	106615	107	20	19	18	17	16	16
白云区	148637	149	28	27	25	24	22	22
黄埔区	31153	31	6	6	5	5	5	5
番禺区	129053	129	25	23	22	21	19	19
花都区	129254	129	25	23	22	21	19	19
南沙区	39401	39	7	7	7	6	6	6
萝岗区	23646	24	5	4	4	4	4	4
从化区	41599	42	8	8	7	7	6	6
增城区	81952	82	16	15	14	13	12	12

最后进行的是中学生抽样，这次调查的主要是普通中学，根据班额比例的抽样情况见表2-6所示。

表2-6 中学班额情况

年级	人数	占总班额比例	
初一	110829	0.215107	21.51%
初二	110583	0.214629	21.46%
初三	115252	0.223691	22.37%
高一	60324	0.117082	11.71%
高二	58957	0.114429	11.44%
高三	59283	0.115062	11.51%
总计	515228	1	100.00%

根据上述抽样方法，可得到每个区需要抽样的中学生数量（见表 2 - 7）。

表 2 - 7　中学生抽样数量

地域	分区抽样数量						
	合计	初一	初二	初三	高一	高二	高三
全市	521	111	111	117	61	60	61
荔湾区	40	8	8	9	5	5	5
越秀区	60	13	13	13	7	7	7
海珠区	45	10	10	10	5	5	5
天河区	51	11	11	11	6	6	6
白云区	61	13	13	14	7	7	7
黄埔区	16	3	3	4	2	2	2
番禺区	70	15	15	16	8	8	8
花都区	57	12	12	13	7	6	7
南沙区	24	5	5	5	3	3	3
萝岗区	12	3	3	3	1	1	1
从化区	33	7	7	7	4	4	4
增城区	52	11	11	12	6	6	6

由于婴幼儿的特殊性，主要根据 2012—2014 年广州市统计局出生人口的情况进行抽样（见表 2 - 8）。

表 2 - 8　2012—2014 年广州市出生人口情况

年份	出生人口	样本数量（千分之一抽样）
2012	101782	102
2013	115813	115
2014	113926	114
合计	331521	331

根据上述情况，大致确定婴幼儿人口的样本数量为331人。

2.1.2　调查对象

在选择调研点时，项目组先将广州11个区划大致划分为老城区（包括越秀区、海珠区、荔湾区）、新城区（包括白云区、黄埔区、天河区）、周边区（包括番禺区、花都区、南沙区）和县级区（增城区、从化区）等四大区域。在此四大区域当中，人口结构、教育条件等方面有一定的相似性，每个大区中选取1所幼儿园、中小学图书室作为代表，并在调研过程中尽量将男女比例控制在1∶1左右。根据上述抽样方法，项目组共选取了包括4所幼儿园、6所小学、6所中学共16[①]个点进行调研（见表2－9）。与此同时，项目组还专门对广州少儿馆的未成年人用户进行了调研，并采取随机采访的方式调研了市区3个公园内的未成年人。

本调研对象覆盖婴幼儿、学龄前儿童、小学生、中学生共4类未成年人，以及中小学图书馆（室）馆长或老师、分管图书馆的中小学校长、公共图书馆馆长等。

表2－9　调研点列表

类别	城区	机构名称[②]	备注
老城区	越秀	H 小学	
	海珠	M 幼儿园	
	荔湾	L 中学（初中）	
		S 中学	
		S 学校	该学校包含小学和中学
新城区	白云	J 小学	
	黄埔	C 小学	
	天河	X 幼儿园	
		D 中学	

---

① 其中一所学校包含小学和中学，都对其进行了调查。
② 为了尊重受访机构的隐私权，本报告以其名称首字母命名这些机构。

续表

类别	城区	机构名称	备注
周边区	番禺	T 幼儿园	
		P 中学	
	花都	H 小学	
县级区	增城	N 幼儿园	
		N 小学	
		Z 中学	
公园	—	广州市儿童公园	根据公园所在地，将受访者归入所在区域
		白云公园	
		天河公园	
图书馆	—	广州少儿馆	

根据上述抽样方法得出各区样本数量，将这些样本数量分别合并到老城区、新城区、周边区以及县级区之后，最后得到四大区域各个分层的抽样数量（见表 2 - 10）共计 2237 份。

表 2 - 10　四大区各层抽样数量

区域	婴幼儿	学龄前儿童	小学	中学
老城区	—	95	206	145
新城区	—	154	311	140
周边区	—	130	297	151
县级城区	—	68	124	85
合计	331	447	938	521

2.1.3　问卷设计

在确定上述调查范围与调查对象后，根据各个年龄段未成年人的不同情况，项目组设计了以下 6 份调查问卷与访谈大纲：

（1）针对受教育程度偏低的 0～6 岁（同时涵盖婴幼儿与学龄前儿童的未成年受众）儿童发放的问卷，以了解学龄前儿童的阅读行为与阅读状况，由家长代为填写；

（2）针对小学生发放的问卷，以了解小学生的阅读行为与阅读状况；

（3）针对中学生（初中生和高中生）发放的问卷，以了解中学生的阅读行为与阅读状况；

（4）针对学校图书室负责人的访谈提纲，以了解包括学校图书室的馆舍面积、主要功能、经费、图书资源、设备、工作人员编制、对外服务等在内的基本情况；

（5）针对幼儿园的园长或其他负责人的访谈提纲，以了解包括幼儿园的办学理念、定位、生源、阅读与课程设计、外部机构合作、数字化阅读等在内的基本情况；

（6）针对中小学的校长、副校长或校务工作负责人的访谈提纲，以了解包括中小学的办学理念、定位、生源、阅读活动、学校内部阅读条件、与外部机构的合作、数字化阅读等在内的基本情况。

2.2　调研实施

2.2.1　调查问卷发放与回收

2016 年 12 月 26 日至 2017 年 2 月 23 日，项目组对广州市未成年人实施了问卷调查，问卷发放地点包括幼儿园、中小学教室、公园和广州少儿馆，问卷发放方式分两种：一是直接发放，当天回收；二是委托教师发放并回收。

在实际的问卷调查过程中，由于婴幼儿和学龄前儿童需家长代填问卷，这两个年龄段的问卷填写情况不甚理想，实际的问卷回收数量略少于研究设计时的样本数量。

中小学生的问卷则是项目组直接到校派发并回收。一般情况下，校方为了便于操作，安排每个年级选取一个班派发问卷，因此，中小学的问卷实际回收数量均比原定样本数量稍多。

原定发放问卷 2237 份，实际回收 2806 份，有效问卷 2769 份（见表

2 – 11）。项目组把未答以及不按要求作答题数超过总问卷题数的三分之一的问卷视作无效问卷。

表 2 – 11　问卷派发统计表

调查对象	原定发放 问卷数	实际回收 问卷数	有效问卷数	有效率	目标达成率
婴幼儿	331	324	297	91.7%	97.9%
学龄前儿童	447	360	356	98.9%	80.5%
小学生	938	1388	1384	99.7%	148.0%
中学生	521	734	732	99.7%	140.9%
合计	2237	2806	2769	98.7%	125.4%

2.2.2　访谈调查

在 2016 年 12 月 26 日至 2017 年 2 月 23 日进行问卷调查的同时，项目组对中小学校长、副校长或其他校务负责人，以及图书馆（室）老师共 27 人进行了访谈调查。

第 3 章　广州市未成年人阅读的总体状况

3.1　受访者基本情况

3.1.1　受访者的人口统计学特征

表 3 – 1　受访者的人口统计学特征

项目		人数	百分比	有效百分比①
性别	男	1375	49.7%	49.9%
	女	1380	49.8%	50.1%
	缺失②	14	0.5%	—
	合计	2769	100.0%	100.0%
年龄	0～3 岁	297	10.7%	10.8%
	4～6 岁	414	15.0%	15.0%
	7～12 岁	1368	49.4%	49.6%
	13～17 岁	663	23.9%	24.1%
	18 岁及 19 岁	14	0.5%	0.5%
	缺失	13	0.5%	—
	合计	2769	100%	100%

① 本报告中的"有效百分比"是指在单选题中，选择该答案的人数占总有效答题人数（即总人数减去缺失/未填人数）的比例。

② 本报告中的"缺失""未填"是指在有效问卷中未填或未按要求回答的情况。

续表

项目		人数	百分比	有效百分比①
入学情况	未入学	153	5.5%	5.6%
	上早教	43	1.6%	1.6%
	幼儿园	447	16.1%	16.3%
	小学	1384	50.0%	50.4%
	初中	572	20.7%	20.8%
	高中	150	5.4%	5.5%
	缺失	20	0.7%	—
	合计	2769	100%	100%

　　从受访者的整体情况来看，在性别上，本次受访者的男女比例基本持平，各占一半；在年龄上，各个年龄段的受访者人数都超过 10%，其中 49.6% 集中在 7～12 岁，其次是 13～17 岁（24.1%）；在入学情况上，未入学的受访者仅占 5.6%，大多数受访者均已入学，其中约半数就读小学（50.4%），其

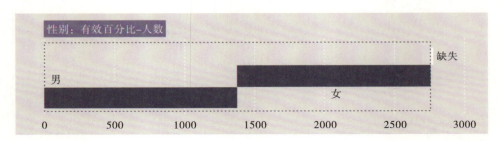

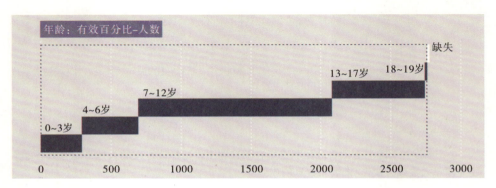

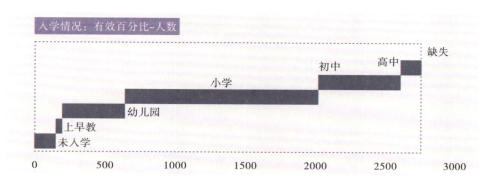

图 3-1　受访者的人口统计学特征

次是初中（20.8％）和幼儿园（16.3％）。这反映了本次调研对象主要为已入学的未成年人，基本覆盖各个年龄段的未成年人群体，尤以小学生居多，其次是初中和幼儿园的学生，这与广州市总体上入学儿童较多且小学生数量相对较多的实际情况是吻合的。（见表 3-1、图 3-1）

3.1.2　受访者父母的受教育程度

表 3-2　受访者父母的受教育程度

受教育程度	婴幼儿		学龄前儿童		小学生		中学生		合计	
	人数	百分比	人数	百分比	人数	百分比	人数	百分比	人数	百分比
小学及以下	3	0.5%	17	2.4%	233	8.4%	95	6.5%	348	6.3%
初中	25	4.2%	87	12.2%	455	16.4%	431	29.4%	998	18.0%
中专或高专	68	11.4%	115	16.2%	519	18.8%	372	25.4%	1074	19.4%
大专	135	22.7%	139	19.5%	283	10.2%	145	9.9%	702	12.7%
本科及以上	359	60.4%	348	48.9%	240	8.7%	186	12.7%	1133	20.5%
不清楚	—	—	—	—	976	35.3%	230	15.7%	1206	21.8%
缺失	4	0.7%	6	0.8%	62	2.2%	5	0.3%	77	1.4%
合计	594	100.0%	712	100.0%	2768	100.0%	1464	100.0%	5538	100.0%

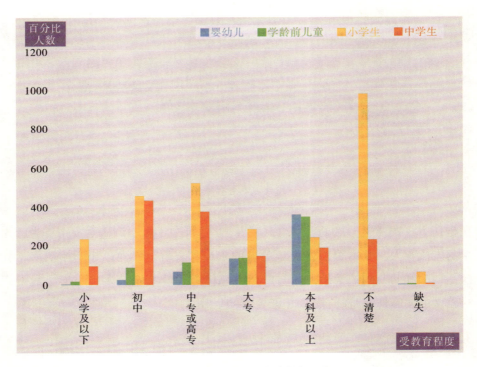

图 3 – 2　受访者父母的受教育程度

　　项目组对受访者父母的受教育程度进行了调查，由于 0 ～ 6 岁的问卷都是由家长填写，所以不存在不清楚的情况；而中小学生的问卷则是学生自己填写，所以可能有一定的数值缺失，这种问题在小学生中更为突出。从总体来看，0 ～ 6 岁孩子的父母学历普遍较高，在本科及以上的最多（婴幼儿的达 60.4%，学龄前儿童的近半数），这反映了广州市 0 ～ 6 岁儿童父母的受教育层次相对较高。小学生父母的受教育程度则比较平均，各种学历层次的差异不是很大，其中较多的是初中以及中专（或高专）学历，占比 16.4% 和 18.8%。这与中学生父母的受教育程度较为相似，初中以及中专（或高专）学历所占比例更大，两者合计超过了半数。由此可见，广州市未成年人父母的受教育程度整体上集中在初中、中专（高专）和本科及以上层次。（见表 3 – 2、图 3 – 2）

3.2 广州市未成年人阅读现状

3.2.1 对阅读的喜爱程度

表3-3 广州市未成年人对阅读的喜爱程度

喜爱程度	婴幼儿		学龄前儿童		小学生		中学生		合计	
	人数	百分比	人数	百分比	人数	百分比	人数	百分比	人数	百分比
非常喜欢	91	30.6%	145	40.7%	747	54.0%	167	22.8%	1150	41.5%
比较喜欢	115	38.7%	157	44.1%	397	28.7%	370	50.5%	1039	37.5%
一般	71	23.9%	43	12.1%	177	12.8%	168	23.0%	459	16.6%
不太喜欢	5	1.7%	10	2.8%	36	2.6%	19	2.6%	70	2.5%
非常不喜欢	0	0.0%	0	0%	18	1.3%	7	1.0%	25	0.9%
缺失	15	5.1%	1	0.3%	9	0.7%	1	0.1%	26	0.9%
合计	297	100.0%	356	100.0%	1384	100.0%	732	100.0%	2769	100.0%

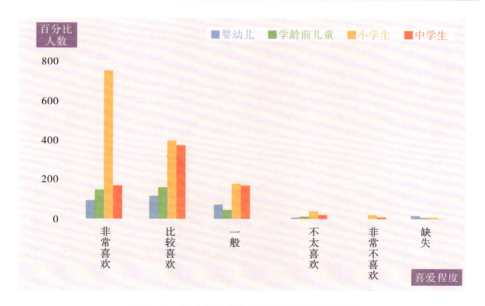

图3-3 广州市未成年人对阅读的喜爱程度

从表3-3可见，小学生对阅读的喜爱程度最高，超过半数（54.0%）的小学生都非常喜欢阅读，其次是学龄前儿童（40.7%）。若将比较喜欢的也包括在内，则有84.8%的学龄前儿童受访儿童表示喜欢阅读，略超过小学生的喜欢程度（82.7%），其次是中学生（73.3%）和婴幼儿（69.3%）。由此可见，广州市未成年人整体上的阅读兴趣较为浓厚，尤其是处于4～13岁年龄段的未成年人最喜欢阅读。（见表3-3、图3-3）

3.2.2 阅读场所

表3-4 广州市未成年人的阅读场所

阅读场所	婴幼儿		学龄前儿童		小学生		中学生		合计	
	人数	个案百分比①	人数	个案百分比	人数	个案百分比	人数	个案百分比	人数	个案百分比
家里	259	92.2%	337	94.7%	1023	74.1%	626	85.5%	2245	81.6%
学校（幼儿园）	84	29.9%	268	75.3%	670	48.5%	408	55.7%	1430	52.0%
图书馆	78	27.8%	114	32.0%	796	57.6%	458	62.6%	1446	52.6%
书店	19	6.8%	51	14.3%	411	29.8%	273	37.3%	754	27.4%
交通工具	13	4.6%	11	3.1%	68	4.9%	75	10.2%	167	6.1%
其他	23	8.2%	19	5.3%	32	2.3%	25	3.4%	99	3.6%
合计	476	169.4%	800	224.7%	3000	217.2%	1865	254.8%	6141	223.3%
缺失	16	—	0	—	3	—	0	—	19	—

广州市未成年人的主要阅读场所依次是家里、学校和图书馆。在家里阅读是大多数未成年人的首选，总比例达81.6%，尤其是0～6岁儿童，比例超过九成；此外，幼儿园也是学龄前儿童的重要阅读场所。相比之下，中小学生的阅读场所呈现多元化，图书馆、学校、书店都成为其常去阅读的地方。随着未成年人年龄的增长，其阅读场所也逐步增多，图书馆、书店、交通工具等也逐步成为其重要的阅读场所。（见表3-4）

---

① 本报告中的"个案百分比"是指在多选题中选择该答案中的人数占总有效答题人数（总有效人数减去缺失/未填人数）的比例。

3.2.3　阅读量

表 3 – 5　广州市未成年人的年阅读量

年阅读量	婴幼儿		学龄前儿童		小学生		中学生		合计	
	人数	百分比	人数	百分比	人数	百分比	人数	百分比	人数	百分比
0 本	16	5.4%	1	0.3%	32	2.3%	19	2.6%	68	2.5%
1～10 本	140	47.1%	151	42.4%	392	28.3%	314	42.9%	997	36.0%
11～20 本	54	18.2%	60	16.9%	280	20.2%	199	27.2%	593	21.4%
21～30 本	15	5.1%	27	7.6%	187	13.5%	79	10.8%	308	11.1%
30 本以上	37	12.5%	66	18.5%	475	34.3%	120	16.4%	698	25.2%
记不清	20	6.7%	49	13.8%	—	—	—	—	69	2.5%
缺失	15	5.1%	2	0.6%	18	1.3%	1	0.1%	36	1.3%
合计	297	100.0%	356	100.0%	1384	100.0%	732	100.0%	2769	100.0%

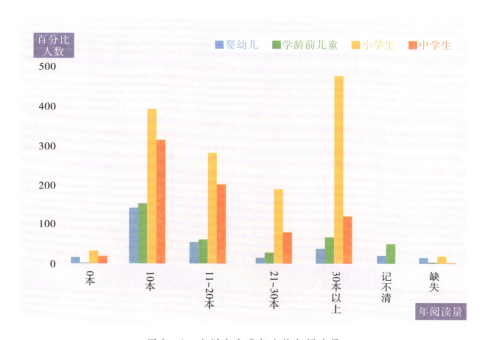

图 3 – 4　广州市未成年人的年阅读量

表 3-5 显示，总体来看，超过半数的广州市未成年人的年阅读量在 20 本以内，有四分之一超过 30 本，仅有 2.5% 完全不阅读。具体而言，除了小学生的年阅读量多在 30 本以上之外，其他年龄段未成年人的年阅读量多在 1~10 本之间：婴幼儿为 47.1%，学龄前儿童为 42.4%，中学生为 42.9%。由此可见，小学生的阅读量在整体上比其他年龄段未成年人的阅读量更大。如前所述，小学生的阅读兴趣也相对更为浓厚，这正好说明了阅读兴趣与年阅读量之间存在互相印证、相互促进的关系。（见表 3-5、图 3-4）

由于本次调查采用区间来描述阅读量，因此难以准确计算广州市未成年人的人均图书阅读量。然而，如果假设选择某个区间的未成年人的平均阅读量就是该区间的均值（30 本以上的按 30 本计算，记不清的按 0 本计算），据此可推算广州市未成年人人均图书阅读量超过 15.3 本。据《第 14 次全国国民阅读调查报告》的调查结果"我国未成年人的人均图书阅读量为 8.34 本"，相比之下广州未成年人阅读量明显更高。

3.2.4　阅读时长

表 3-6　广州市未成年人平均每天课外阅读时长

阅读时长	婴幼儿		学龄前儿童		小学生		中学生		合计	
	人数	百分比	人数	百分比	人数	百分比	人数	百分比	人数	百分比
0 小时	—	—	—	—	35	2.5%	41	5.6%	76	2.7%
0.5 小时以内	163	54.9%	222	62.4%	652	47.1%	402	54.9%	1439	52.0%
0.5~1 小时	84	28.3%	110	30.9%	298	21.5%	149	20.4%	641	23.1%
1~2 小时	29	9.8%	17	4.8%	226	16.3%	95	13.0%	367	13.3%
2 小时以上	3	1.0%	4	1.1%	152	11.0%	41	5.6%	200	7.2%
缺失	18	6.1%	3	0.8%	21	1.5%	4	0.5%	46	1.7%
合计	297	100.0%	356	100.0%	1384	100.0%	732	100.0%	2769	100.0%

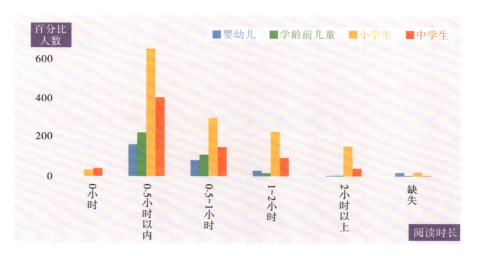

图3-5 广州市未成年人平均每天课外阅读时长

需要说明的是，本报告中的"阅读时长"主要指纸本书刊的阅读时长，关于电子书刊的阅读时长归入"数字阅读"部分讨论。表3-6数据显示，仅有2.7%的中小学生的平均课外阅读时长为0，大多数未成年人或多或少有一定的课外阅读。但是，总体而言，广州市未成年人课外阅读时长较短，52%的人数每天只阅读不到半小时，每天平均阅读时长在1小时以上的未成年人仅占1/5；而且，四个年龄未成年人的阅读时长所呈现的特征相似，都是阅读时长在"半小时以内"的选择人数最多，其次是"半小时到1小时"。（见表3-6、图3-5）

从不同年龄段来看，小学生平均每天阅读时长在1小时以上的比例最高，表明小学生每天会花最多时间进行课外阅读，这可能是因为小学生相对于中学生的学业压力较小，课外时间更多一些，课外阅读环境也更为轻松。

3.2.5 阅读支出

表 3-7 广州市未成年人的阅读支出

阅读支出	婴幼儿		学龄前儿童		小学生		中学生		合计	
	人数	百分比	人数	百分比	人数	百分比	人数	百分比	人数	百分比
20 元以下	6	2.0%	6	1.7%	135	9.8%	37	5.1%	184	6.6%
20～50 元	20	6.7%	25	7.0%	180	13.0%	48	6.6%	273	9.9%
51～100 元	58	19.5%	33	9.3%	249	18.0%	99	13.5%	439	15.9%
101～200 元	59	19.9%	67	18.8%	212	15.3%	130	17.8%	468	16.9%
201～500 元	71	23.9%	96	27.0%	159	11.5%	180	24.6%	506	18.3%
501～1000 元	36	12.1%	47	13.2%	111	8.0%	83	11.3%	277	10.0%
1000 元以上	16	5.4%	19	5.3%	70	5.1%	38	5.2%	143	5.2%
不清楚	17	5.7%	63	17.7%	260	18.8%	115	15.7%	455	16.4%
缺失	14	4.7%	0	0.0%	8	0.6%	2	0.3%	24	0.9%
合计	297	100.0%	356	100.0%	1384	100.0%	732	100.0%	2769	100.0%

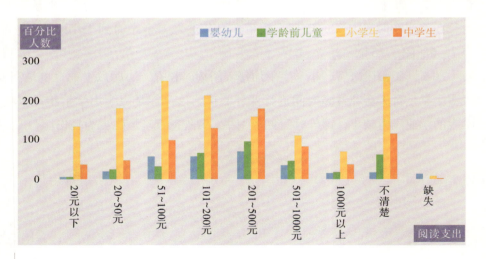

图 3-6 广州市未成年人的阅读支出

从表 3 - 7 可知，总体而言，广州市家庭为未成年人购书的阅读支出较为可观，主要集中在"51 ～ 500 元"的区间（51.1%），其中在"201 ～ 500元"之间最多（18.3%），"20 元以下"的仅占 6.6%。需要说明的是，由于中小学生由本人填写问卷，有一定比例的学生并不清楚家庭为自己购书的费用；而 0 ～ 6 岁儿童的家长也有少数人不清楚，可能是平时关注较少导致印象不深。具体而言，婴幼儿、学龄前儿童、中学生的阅读支出都较多集中在"201 ～ 500 元"之间，分别占 23.9%、27.0%、24.6%；而小学生的则较多在"51 ～ 100 元"之间（占 18%）。（见表 3 - 7、图 3 - 6）

3.2.6 阅读载体

表 3 - 8 广州市未成年人的阅读载体

阅读载体	婴幼儿		学龄前儿童		小学生		中学生		合计	
	人数	百分比	人数	百分比	人数	百分比	人数	百分比	人数	百分比
数字阅读	33	11.1%	32	9.0%	204	14.7%	79	10.8%	348	12.6%
纸质阅读	190	64.0%	220	61.8%	948	68.5%	369	50.4%	1727	62.4%
两者皆可	55	18.5%	99	27.8%	159	11.5%	267	36.5%	580	20.9%
都不喜欢	—	—	—	—	49	3.5%	8	1.1%	57	2.1%
其他	3	1.0%	5	1.4%	—	—	—	—	9	0.3%
缺失	16	5.4%	0	0.0%	24	1.7%	9	1.2%	48	1.7%
合计	297	100.0%	356	100.0%	1384	100.0%	732	100.0%	2769	100.0%

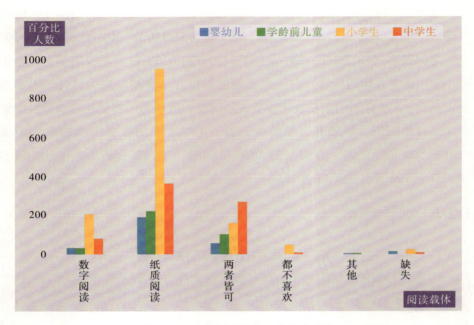

图 3 - 7　广州市未成年人的阅读载体

　　如表 3 - 8 所示，广州市未成年人总体上偏好纸质阅读，超过六成的未成年人倾向于纸质阅读（62.4%），只有 12.6% 选择了数字阅读，认为两者皆可的占 20.9%。可见，传统的纸质阅读仍然是未成年人青睐的阅读载体。此外，中学生认为"数字阅读和纸质阅读两者皆可"的比例高于其他三个年龄段（36.5%）。（见表 3 - 8、图 3 - 7）

3.2.7　阅读方式

表 3 – 9　广州市未成年人的阅读方式①

阅读方式	婴幼儿		学龄前儿童		小学生		合计	
	人数	个案百分比	人数	个案百分比	人数	个案百分比	人数	个案百分比
独自阅读	67	23.7%	165	46.3%	1113	81.4%	1345	67.0%
家长读给孩子听	200	70.7%	247	69.4%	131	9.6%	578	28.8%
家长陪读	183	64.7%	249	69.9%	305	22.3%	737	36.7%
和小伙伴一起阅读	31	11.0%	79	22.2%	482	35.3%	592	29.5%
通过听故事进行阅读	93	32.9%	150	42.1%	—		243	12.1%
通过参加阅读活动进行阅读	46	16.3%	63	17.7%	224	16.4%	333	16.6%
其他	6	2.1%	3	0.8%	25	1.8%	34	1.7%
合计	626	221.4%	956	268.4%	2280	166.8%	3862	192.4%
缺失	14	—	0		17		31	—

如表 3 – 9 所示，随着年龄的增长，广州市未成年人的阅读方式从亲子阅读向独自阅读转变。大多数婴幼儿依赖于家长讲读，而学龄前儿童家长陪读的双向互动方式占比略重，小学生则更倾向于独自阅读。

此外，"和小伙伴一起阅读"也随着未成年人年龄的增长而成为越来越重要的阅读方式，说明未成年人分享阅读的意识随着年龄和年级的增长而提高，阅读在他们的社交中也逐渐扮演着不容忽视的角色。

---

① 考虑到中学生大多数独自阅读的实际情况，项目组未对其阅读方式进行调查。

3.2.8 阅读读物获取渠道

表 3-10 广州市未成年人的阅读读物获取渠道

获取渠道	婴幼儿		学龄前儿童		小学生		中学生		合计	
	人数	个案百分比	人数	个案百分比	人数	个案百分比	人数	个案百分比	人数	个案百分比
自己购买	—	—	—	—	402	29.2%	550	77.6%	952	34.9%
家长购买	246	86.9%	313	87.9%	875	63.5%	223	31.5%	1657	60.8%
向朋友借阅	105	37.1%	77	21.6%	396	28.8%	322	45.4%	900	33.0%
图书馆借阅	51	18.0%	155	43.5%	765	55.6%	402	56.7%	1373	50.4%
书店阅览	42	14.8%	100	28.1%	274	19.9%	244	34.4%	660	24.2%
学校派发	37	13.1%	160	44.9%	267	19.4%	—	—	464	17.0%
早教机构	36	12.7%	24	6.7%	—	—	—	—	60	2.2%
网上免费获取	26	9.2%	35	9.8%	239	17.4%	273	38.5%	573	21.0%
他人赠送	43	15.2%	51	14.3%	235	17.1%	111	15.7%	440	16.1%
其他	4	1.4%	3	0.8%	22	1.6%	40	5.6%	69	2.5%
合计	590	208.5%	918	257.9%	3475	252.4%	2165	305.4%	7148	262.3%
缺失	14	—	0	—	7	—	23	—	44	—

表 3-10 显示，广州市未成年人阅读读物的主要获取渠道，首先是"家长购买"（60.8%），"图书馆借阅"次之（50.4%），而值得一提的是，"图书馆借阅"和"网上获取"则与未成年人年龄呈正相关关系。婴幼儿的父母除了自己购买之外，"向朋友借阅"也是他们主要的获取渠道。学龄前儿童的阅读读物主要来源于"家长购买""学校（幼儿园）派发""图书馆借阅"。小学生的阅读读物来源主要是"家长购买""图书馆借阅"。中学生的阅读读物获取渠道更多，主要是"自己购买"，此外，还有"图书馆借阅""向朋友借阅""网上免费获取""书店阅览""家长购买"等渠道。

3.2.9　参加阅读活动的途径

表 3 – 11　广州市未成年人参加阅读活动的途径

途径	婴幼儿		学龄前儿童		小学生		中学生		合计	
	人数	个案百分比	人数	个案百分比	人数	个案百分比	人数	个案百分比	人数	个案百分比
学校（幼儿园）	67	23.8%	221	63.5%	746	54.2%	345	47.6%	1379	50.5%
公共图书馆	74	26.2%	129	37.1%	482	35.0%	293	40.4%	978	35.8%
书店	27	9.6%	62	17.8%	401	29.1%	251	34.6%	741	27.1%
辅导（早教）机构	85	30.1%	56	16.1%	155	11.3%	65	9.0%	361	13.2%
零参与	109	38.7%	77	22.1%	262	19.0%	181	25.0%	629	23.0%
其他	7	2.5%	9	2.6%	34	2.5%	10	1.4%	60	2.2%
合计	369	130.9%	554	159.2%	2080	151.2%	1145	157.9%	4148	151.8%
缺失	15	—	8	—	8	—	7	—	38	—

　　从表 3 – 11 来看，广州市未成年人整体上参加学校的阅读活动最多（50.5%），其次是公共图书馆的阅读活动（35.8%），再次是书店的阅读活动（27.1%）。值得注意的是，有 23.0% 的未成年人从未参加过任何阅读活动，尤其是中学生的零参与率最高（25.0%）。如表 3 – 11 所示，婴幼儿常由父母带去辅导（早教）机构、公共图书馆和幼儿园参加亲子阅读活动。学龄前儿童则在父母的陪伴下常去幼儿园、公共图书馆参加阅读活动。中小学生经常参加学校、公共图书馆、书店开展的活动。

3.2.10　去公共图书馆的频率

　　这里的"去公共图书馆的频率"主要指婴幼儿和学龄前儿童由家长带去公共图书馆参加阅读活动的次数，以及中小学生去公共图书馆的频率。

表 3 – 12　广州市未成年人去公共图书馆的频率

频率	婴幼儿		学龄前儿童		小学生		中学生		合计	
	人数	百分比	人数	百分比	人数	百分比	人数	百分比	人数	百分比
0 次	111	37.4%	74	20.8%	199	14.4%	76	10.4%	460	16.6%
1～5 次	116	39.1%	182	51.1%	426	30.8%	295	40.3%	1019	36.8%
6～10 次	24	8.1%	57	16.0%	210	15.2%	162	22.1%	453	16.4%
11～20 次	14	4.7%	25	7.0%	138	10.0%	107	14.6%	284	10.3%
20 次以上	18	6.1%	16	4.5%	236	17.1%	90	12.3%	360	13.0%
去过但忘记具体次数	—	—	—	—	161	11.6%			161	5.8%
缺失	14	4.7%	2	0.6%	14	1.0%	2	0.3%	32	1.2%
合计	297	100.0%	356	100.0%	1384	100.0%	732	100.0%	2769	100.0%

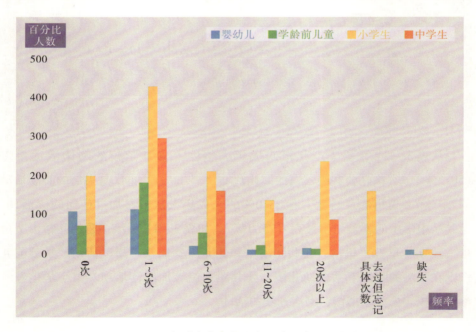

图 3 – 8　广州市未成年人去公共图书馆的频率

从表 3 – 12 可知，总体上，有超过 80% 的受访者在 2016 年都去过公共图书馆，表明大多数的未成年人都知道并曾利用过公共图书馆的资源与服务；

另外，多数（36.8%）未成年人去公共图书馆的频次是在"1～5"次，去公共图书馆超过 10 次的未成年人仅占 23.3%，这说明许多未成年人虽然去过但并不常去公共图书馆。（见表 3-12、图 3-8）

3.3　广州市不同年龄段未成年人的阅读现状比较

3.3.1　阅读目的

3.3.1.1　婴幼儿和学龄前儿童未成年人的阅读目的

阅读目的涉及个人对自身态度和认知的自我测评和表达，由于 0～6 岁儿童自己无法准确表达，因此，调查这个问题时主要依靠家长来回答，这也反映了家长对儿童阅读的期待和诉求。

表 3-13　广州市婴幼儿和学龄前儿童阅读的主要目的

阅读目的	婴幼儿		学龄前儿童		合计	
	人数	个案百分比	人数	个案百分比	人数	个案百分比
帮助认识各种事物	219	77.4%	291	82.0%	510	79.9%
帮助识字和数数	97	34.3%	171	48.2%	268	42.0%
娱乐放松	133	47.0%	180	50.7%	313	49.1%
培养孩子的阅读兴趣	214	75.6%	275	77.5%	489	76.6%
开发智力，培养学习能力	173	61.1%	231	65.1%	404	63.3%
其他	5	1.8%	14	3.9%	19	3.0%
合计	841	297.2%	1162	327.3%	2003	313.9%
缺失	14	—	1	—	15	—

根据表 3-13 可知，"帮助认识各种事物""培养孩子的阅读兴趣""开发智力，培养学习能力"都有超过六成的家长选择，是家长引导婴幼儿和学龄前儿童阅读的主要目的。在这一阶段，提高孩子的认知能力和学习能力、

培养孩子的阅读兴趣成为父母引导孩子阅读的主要期望。

通过比较这两个年龄段儿童的阅读目的发现，首先，学龄前儿童的家长引导孩子阅读的目的更为丰富，平均有 3.27 个答案，这可能表明：随着儿童年龄的增长，父母对儿童阅读有更多的期望；其次，学龄前儿童父母更为重视"帮助识字和数数"这一目的，这反映了孩子上幼儿园之后父母对孩子的基本识字和数数能力有更高的诉求。

3.3.1.2 中小学生的阅读目的

与调查婴幼儿和学龄前儿童的家长引导孩子阅读目的不同的是，针对中小学生的则是调查孩子对阅读目的的自我认知。

表 3－14 广州市中小学生阅读主要目的

阅读目的	小学生			中学生			合计	
	人数	个案百分比	顺序指数	人数	个案百分比	顺序指数	人数	个案百分比
增加知识、开阔眼界	1076	93.6%	0.87	515	85.3%	0.74	1591	90.8%
休闲娱乐	475	41.3%	0.26	265	43.9%	0.23	740	42.2%
满足个人兴趣爱好	—	—	—	432	71.5%	0.51	432	24.6%
认识更多汉字	646	56.2%	0.34	—	—	—	646	36.9%
提高学习成绩	861	74.9%	0.38	273	45.2%	0.26	1134	64.7%
满足家长、学校的要求	124	10.8%	0.05	28	4.6%	0.03	152	8.7%
方便和同学、朋友交流	188	16.4%	0.08	43	7.1%	0.03	231	13.2%
掌握一些实用技能	—	—	—	232	38.4%	0.18	232	13.2%
其他	16	1.4%	0.008	8	1.3%	0.006	24	1.4%
合计	3386	294.6%	—	1796	297.3%	—	5182	295.7%
缺失	235			128			363	

注：在本次问卷调查中，有些问题为排序题，规定不可选择超过 3 个答案，项目组采用加权方法计算这些调查结果的顺序指数，即对排序为第一的因素取"3"作为权重，第二的取"2"作为权重，第三的取"1"作为权重。顺序指数的计算公式如下：O ＝（PCT1 ＊ 3 ＋ PCT2 ＊ 2 ＋ PCT3 ＊ 1）/3，其中 PCT 指将某一选项排序为第几的人数占的总有效人数的有效百分比，即 PCT1 指将某一选项排序为第一的人数的占有效人数的有效百分比，PCT2、PCT3 同理。

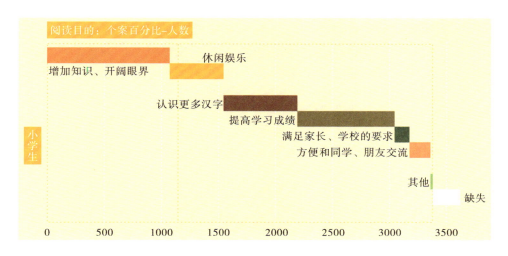

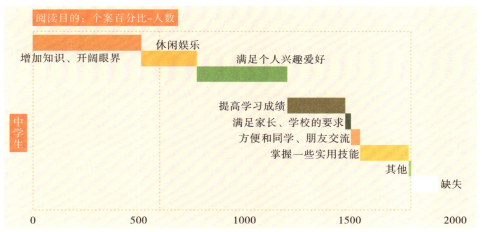

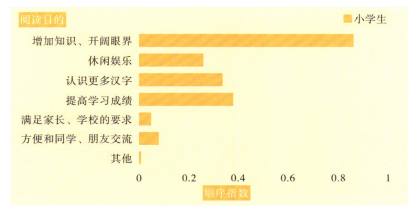

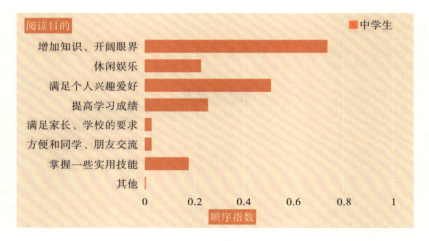

图 3 - 9   广州市中小学生阅读主要目的

从表 3 - 14 的调查结果来看,"增加知识、开阔眼界"被 90.8% 的中小学生选择,顺序指数也远远高于其他选项,成为中小学生阅读的最主要目的;其次是"提高学习成绩",有超过六成的中小学生选择。

具体分析来看,小学生阅读最主要的三个目的是"增加知识、开阔眼界""提高学习成绩""认识更多汉字",而中学生阅读最主要的三个目的是"增加知识、开阔眼界""满足个人兴趣爱好""提高学习成绩"。"认识更多汉字"成为诸多小学生,尤其是低年级小学生的阅读目的,这与小学生相对于中学生而言识字能力相差较远、提升愿望更加强烈是密切相关的。(见表 3 - 14、图 3 - 9)

3.3.2   阅读主题偏好

3.3.2.1   婴幼儿和学龄前儿童的阅读主题偏好

表 3 - 15   广州市婴幼儿和学龄前儿童的阅读主题偏好

阅读主题偏好	婴幼儿		学龄前儿童		合计	
	人数	个案百分比	人数	个案百分比	人数	个案百分比
图画卡片、挂图	138	48.9%	160	45.2%	298	46.9%
童话寓言故事	80	28.4%	202	57.1%	282	44.3%

续表

阅读主题偏好	婴幼儿		学龄前儿童		合计	
	人数	个案百分比	人数	个案百分比	人数	个案百分比
识字数数类	49	17.4%	133	37.6%	182	28.6%
卡通漫画	80	28.4%	118	33.3%	198	31.1%
诗歌童谣	60	21.3%	76	21.5%	136	21.4%
科学知识、常识类	32	11.3%	137	38.7%	169	26.6%
绘画故事（图文并重）	106	37.6%	222	62.7%	328	51.6%
绘本（图画为主）	130	46.1%	194	54.8%	324	50.9%
益智游戏	49	17.4%	113	31.9%	162	25.5%
立体书、布艺书、玩具书	82	29.1%	65	18.4%	147	23.1%
其他	4	1.4%	10	2.8%	14	2.2%
合计	810	287.2%	1430	404.0%	2240	352.2%
缺失	15	—	2	—	17	—

整体而言，学龄前儿童的阅读偏好的主题类型要比婴幼儿儿童更加丰富，前者平均答案数明显多于后者，这说明，在0～6岁阶段，随着儿童年龄的增长，孩子的阅读兴趣越来越广泛。有半数左右的儿童选择了"绘画故事""绘本""图画卡片、挂图"为最喜爱的阅读主题读物。

比较两者的差异，可以发现，"绘画故事（图文并重）"和"童话寓言故事""识字数数类""科学知识、常识类""益智游戏"等主题读物明显更能得到学龄前儿童的喜欢，而"立体书、布艺书、玩具书"则更受到婴幼儿的欢迎，这反映出，随着年龄和知识的增长，学龄前儿童对不同读物内容的阅读能力、理解能力和阅读兴趣都得到了明显提升，而婴幼儿则偏好形式新奇有趣的读物。

3.3.2.2 中小学生的阅读主题偏好

表 3 – 16 广州市中小学生的阅读主题偏好

阅读主题偏好	小学生		中学生		合计	
	人数	个案百分比	人数	个案百分比	人数	个案百分比
科普百科	516	37.4%	382	52.3%	898	42.6%
动漫卡通	606	43.9%	298	40.8%	904	42.8%
童话寓言	597	43.3%	—	—	597	28.3%
图画书	391	28.4%	—	—	391	18.5%
益智游戏	299	21.7%	—	—	299	14.2%
小说	381	27.6%	538	73.6%	919	43.6%
文学名著	333	24.1%	351	48.0%	684	32.4%
诗歌散文	191	13.9%	115	15.7%	306	14.5%
历史/地理	—	—	163	22.3%	163	7.7%
励志/心理	227	16.5%	267	36.5%	494	23.4%
美术/书法/艺术	252	18.3%	119	16.3%	371	17.6%
体育	—	—	76	10.4%	76	3.6%
军事	—	—	104	14.2%	104	4.9%
自然科学	—	—	237	32.4%	237	11.2%
旅游	—	—	115	15.7%	115	5.5%
娱乐休闲	—	—	243	33.2%	243	11.5%
历险故事	561	40.7%	—	—	561	26.6%
科幻神话	515	37.3%	—	—	515	24.4%
作文精选	354	25.7%	—	—	354	16.8%
其他	54	3.9%	22	3.0%	76	3.6%
合计	5277	382.7%	3030	414.5%	8307	393.7%
缺失	5	—	1	—	6	—

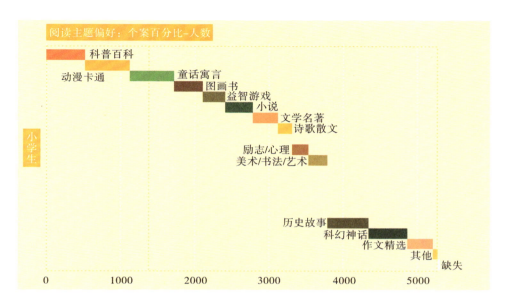

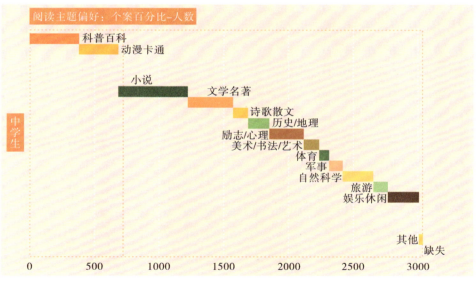

图 3-10　广州市中小学生的阅读主题偏好

从其阅读主题来看，中小学生的阅读兴趣广泛，每人平均选择了将近 4 个答案，大多数主题类型都有超过 10% 的中小学生选择；其中，"科普百科""动漫卡通""小说"等类型的读物是中小学生都比较喜欢的，每类均有超过四成的中小学生选择。（见表 3-16、图 3-10）

　　具体来看,小学生偏好的阅读主题是"动漫卡通""童话寓言""历险故事""科普百科""科幻神话",中学生则是"小说""科普百科""文学名著""动漫卡通",表面看似稍有差异,但分析之后发现,中小学生其实都偏好文学故事、科学科幻和动漫卡通之类的读物。对比来看,中小学生的阅读主题偏好最主要的差异在于中学生呈现更加明显的集中化趋势,即中学生有更加突出的主题偏好特征,他们对"小说"的偏好非常明显(小学生中只有27.6%选择,而中学生中则有73.6%选择)。

3.3.2.3　中小学生最喜爱的书刊

　　根据中小学生填写的最喜爱的图书和报刊,项目组调查出中小学生最喜爱阅读的书刊排行榜,表 3 – 17 摘取该排行榜的前十名予以说明。

表 3 – 17　广州市中小学生最喜爱书刊排行榜

排名	小学生			中学生		
	书刊名称	选择比例	图书种类	书刊名称	选择比例	图书种类
1	《十万个为什么》	12.9%	科普读物	《意林》	5.2%	文学杂志
2	《查理九世》	9.2%	历险故事	《广州日报》	4.0%	报纸
3	《西游记》	9.0%	国学名著	《读者》	3.9%	文学杂志
4	《笑猫日记》	7.1%	儿童小说	《西游记》	3.2%	国学名著
5	《格林童话》	6.5%	童话故事	《海底两万里》	1.9%	科普读物
6	《昆虫记》	5.7%	科普读物	《三国演义》	1.9%	国学名著
7	《三国演义》	5.7%	国学名著	《红楼梦》	1.6%	国学名著
8	《狼王梦》	5.4%	儿童小说	《朝花夕拾》	1.5%	文学散文
9	《窗边的小豆豆》	3.8%	儿童小说	《青年文摘》	1.4%	文学杂志
10	《红楼梦》	3.7%	国学名著	《骆驼祥子》《查理九世》	1.3%	经典小说/历险故事

　　从表 3 – 17 可知,与阅读主题偏好呈现的特征一致,即小说和科普读物是最受中小学生喜爱的读物类型。

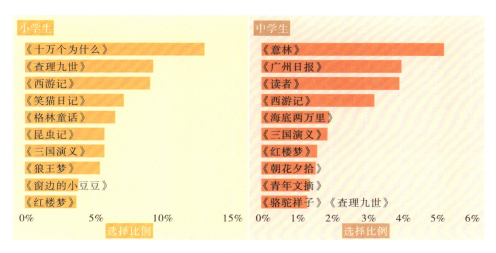

图 3 – 11 广州市中小学生最喜爱书刊排行榜

比较而言，中学生排行榜的前三名都是杂志和报纸，而小学生排行榜的前十名没有任何报刊，这反映了杂志和报纸更受中学生的喜爱，但也可能是由于学业方面的压力和要求不同。（见表 3 –17、图 3 –11）

3.3.3 阅读影响因素

在本次调查中，项目组分别对四个年龄段未成年人阅读的主要影响因素进行了调查。根据实际情况，主要调查了家长对不同主体影响婴幼儿和学龄前儿童阅读的重要程度的认知，以及调查了对中小学生自身阅读影响最大的人。（见表 3 –18、表 3 –19）

表 3 –18　不同主体对广州市婴幼儿和学龄前儿童阅读的影响

影响主体	婴幼儿			学龄前儿童		
	人数	均值	标准差	人数	均值	标准差
家长	279	4.88	0.48	349	4.85	0.50
幼儿园	274	4.32	0.83	342	4.74	0.58
早教机构、课外辅导机构	267	3.33	1.05	333	3.37	1.25
图书馆	273	3.87	0.97	345	4.11	1.00

续表

影响主体	婴幼儿			学龄前儿童		
	人数	均值	标准差	人数	均值	标准差
书店	265	3.41	1.04	335	3.68	1.16
相关公益组织与团体	255	3.35	1.17	328	3.55	1.25
其他	76	3.43	1.34	127	3.31	1.51

【说明】

［1］在李克特 5 点评分量表中，1 至 5 代表影响的重要程度的依次递增，1 代表非常不重要，5 代表非常重要。

［2］均值即是平均值，反映的是受访者的平均评分。

［3］标准差反映的是受访者评分相对于均值的离散程度，标准差大说明受访者的评分差异大，标准差小说明大部分受访者的评分比较接近均值。

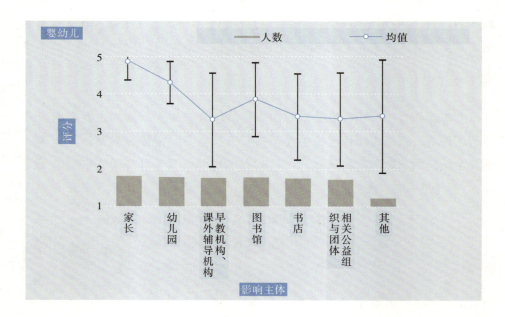

46

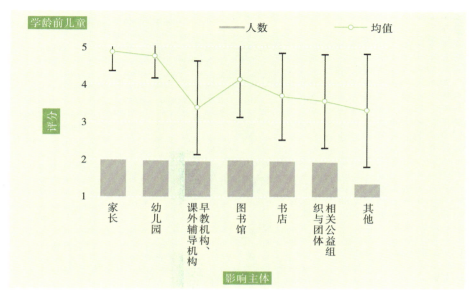

图 3 - 12　不同主体对广州市婴幼儿和学龄前儿童阅读的影响

从表 3 - 18 可知，"家长"和"幼儿园"平均得分最高，且标准差明显更小，这说明家长普遍认为"家长"和"幼儿园"是影响婴幼儿和学龄前儿童阅读的最重要的主体，大部分家长都认为"家长"之于学龄前儿童的阅读非常重要，明确意识到自身对引导孩子阅读的重要作用。（见表 3 - 18、图 3 - 12）

表 3 - 19　对广州市中小学生阅读影响最大的人

影响最大的人	小学生		中学生		合计	
	人数	百分比	人数	百分比	人数	百分比
父母或家人	423	30.6%	101	13.8%	524	24.8%
老师	198	14.3%	77	10.5%	275	13.0%
同学或朋友	189	13.7%	186	25.4%	375	17.7%
偶像或明星	51	3.7%	25	3.4%	76	3.6%
邻居	30	2.2%	1	0.1%	31	1.5%
没有受到他人影响	377	27.2%	203	27.7%	580	27.4%
其他	13	0.9%	17	2.3%	30	1.4%
缺失	103	7.4%	122	16.7%	225	10.6%
合计	1384	100.0%	732	100.0%	2116	100.0%

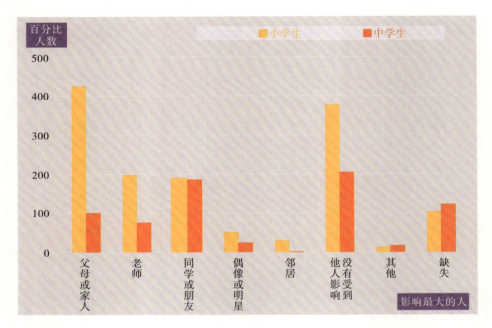

图 3 - 13　对广州市中小学生阅读影响最大的人

如表 3 - 19 所示，总体来看，对中小学生阅读产生影响的群体较多，没有特别明显的集中趋势；相对来讲，更多中小学生认为自己的阅读没有受到他人影响（占 27.4%）；在有受到影响的中小学生中，"父母或家人"以及"同学或朋友"是影响中小学生阅读的主要因素。其中，相映成趣的是，小学生阅读更多受到"父母或家人"的影响，而中学生阅读则更多受到"同学或朋友"的影响，而老师对于中小学生阅读的影响相对较弱（占 13.0%）。（见表 3 - 19、图 3 - 13）

3.4　广州市未成年人阅读相关机构

3.4.1　公共图书馆

本次调查发现，在推动对广州市未成年人阅读产生推动作用的相关机构当中，公共图书馆尤为突出。

2011 年，广州市共有独立建制的市属公共图书馆 14 座，内设于文化站（室）的镇、街道图书馆 166 座，村、社区图书馆室 2642 座，四级服务设施网络基本形成①，覆盖城乡的公共图书馆服务体系开始建立。随着《广州市公共图书馆条例》的正式施行，目前广州已经基本建立起覆盖城乡的公共图书馆服务体系，以总分馆管理体制为中心，发挥公共图书馆的积极作用，在提供少年儿童服务、促进未成年人阅读方面提供了保障和支持。以下是广州市2015年各市、区图书馆的基础设施状况统计，从中可反映公共图书馆为未成年人服务的状况。

3.4.1.1　基础设施

表 3 - 20　2015 年广州市各公共图书馆少儿服务基础设施

公共图书馆	馆舍建筑面积（㎡）	每千人建筑面积（㎡/千人）	少儿阅览室		少儿阅览座席	
			面积（㎡）	占比②	数量	占比
广州图书馆	100444	7.44	4834	11.5%	450	11.3%
广州少儿馆	19000	12.66	8520	100.0%	1246	95.9%
市级合计	119444	8.85	13354	26.4%	1696	32.0%
越秀区馆	12000	10.37	2761.12	31.1%	242	19.4%
荔湾区馆	8000	8.68	580	20.7%	107	19.7%
海珠区馆	5000	3.10	110	5.8%	100	17.8%
白云区馆	8388	3.49	150	2.1%	103	18.6%
天河区馆	5198	3.36	1150	74.6%	200	24.8%
黄埔区馆	31754	35.34	1750	15.0%	560	20.8%
番禺区馆	8812.84	5.70	480	16.6%	162	19.5%
南沙区馆	6200	9.45	500	16.7%	140	27.3%
花都区馆	8630.3	8.50	1100	19.0%	370	26.4%
增城区馆	32800	29.28	1500	25.0%	436	22.2%
从化区馆	10546	16.87	450	11.4%	160	26.6%
区合计	137329.14	10.17	10531.12	19.0%	2580	22.0%
合计	256773.14	19.02	23885.12	21.5%	4276	25.1%

注：本部分的数据来源均为广州图书馆中心图书馆办公室 2016 年度业务统计资料。有关人口的数据来源于广州统计信息网的《广州统计年鉴 2016》，http：//www.gzstats.gov.cn/gzStat1/chaxun/njsj.jsp.

――――――――――――

① 潘燕桃，彭小群主编.《广州市公共图书馆条例》解读［M］. 广州：广东人民出版社，2015：38.

② 本节中"占比"是指图书馆少儿相关设施占全馆设施的百分比。

从表 3-20 可见，广州市市级和区级图书馆的馆舍建筑面积均已具有一定规模，作为中心馆的广州图书馆馆舍面积更是超过 10 万平方米，是世界上规模最大的城市图书馆之一。然而，从每千人均建筑面积来看，除了黄埔、增城、从化等区因新馆建成其馆舍面积大幅扩大之外，其他区馆的每千人均建筑面积都在 3 ～ 10 平方米这个区间，相较于《广州市"图书馆之城"建设规划 2015—2020》① 中规定的"区公共图书馆的每千人建筑面积不得少于 13.5 平方米"的标准尚有一定距离，特别是常住人口较多的白云、海珠、天河、番禺等区的差距更大；而且，市级公共图书馆的每千人均建筑面积为 8.85 平方米，仍未达到《广州市公共图书馆条例》中规定的"市级公共图书馆每千人建筑面积达到十平方米以上"② 的要求。这说明广州市各市、区馆虽具有一定规模，已初步具备履行中心馆和区域总馆职责的能力，但是，距离规划目标和条例法规的规定仍有不小的差距。

从少儿阅览室面积来看，所有市、区公共图书馆都有专门的少儿阅览室或者专门面向少儿服务的区域，全市市级和区级公共图书馆的少儿阅览室面积达到了总阅览室面积的 21.52%，广州少儿馆作为面向未成年人服务的专业性图书馆，所有阅览室均可提供给少儿使用，天河区图书馆的少儿阅览室面积占全馆阅览室面积的 74.63%，体现了公共图书馆对未成年人阅读服务的重视与支持，每馆均设有专门的未成年人服务区域。但是，值得关注的是，有 8 所公共图书馆的少儿阅览室面积仅占全馆阅览室面积的 2% 至 19% 不等，尚未达到《广州市公共图书馆条例》所规定的"公共图书馆的少年儿童阅览区域面积应当不低于全馆借阅服务区域面积的百分之二十"③。在少儿阅览坐席上，广州图书馆少儿阅览坐席比例偏低，仅占全馆阅览坐席的 11.25%；而少儿馆几乎所有的阅览坐席都提供给少儿使用，符合其专业性定位；其他各区

---

① 广州市文化广电新闻出版局. 广州市"图书馆之城"建设规划（2015—2020）［EB/OL］.［2017-3-10］. http：//wgx. by. gov. cn/business/htmlfiles/byqwhgdxwcbj/zcfg/201701/1354403. html.

② 广州市人大常委会. 广州公共图书馆条例第十六条［Z］. 广州：广州市人大常委会，2015.

③ 广州市人大常委会. 广州公共图书馆条例第十六条［Z］. 广州：广州市人大常委会，2015.

馆少儿阅览坐席占全馆阅览坐席的比例大致集中在20%～30%这一区间，全市图书馆少儿阅览坐席合计占25.12%。

由此可见，广州市区级公共图书馆均已具有一定的办馆规模，并辟有专门的场所和设施保障未成年人阅读，为未成年人阅读提供保障和支持。可是，值得注意的是，这种基础设施方面的保障和支持与规划目标和条例法规规定的标准尚有距离。

3.4.1.2　馆藏资源

表3-21　广州市各公共图书馆少儿馆藏资源状况

| 公共图书馆 | 少儿纸质文献 | | | | | | 少儿人口 |
| | 总量 | | | 年新增 | | | |
	数量（册/件）	占比	人均	数量（册/件）	占比	人均	
广州图书馆	691569	10.3%	—	—	—	—	—
广州少儿馆	3376284	90.8%		127608	100.0%	0.09	
市级合计	4067853	39.1%	2.71	—	—	—	1500908
越秀区馆	57711	10.1%	0.36	6042	31.1%	0.04	161453
荔湾区馆	109164	20.8%	1.19	16143	24.3%	0.18	92051
海珠区馆	58375	17.1%	0.39	12264	38.8%	0.08	148708
白云区馆	82200	18.0%	0.47	33204	—	0.19	176444
天河区馆	84454	23.9%	0.55	5652	26.3%	0.04	152235
黄埔区馆	118265	13.1%	1.34	43734	42.0%	0.50	88091
番禺区馆	127975	18.4%	0.75	23658	60.8%	0.14	170714
南沙区馆	27666	17.3%	0.40	1503	15.0%	0.02	69329
花都区馆	170012	27.9%	1.25	20000	50.2%	0.15	135949
增城区馆	160000	42.1%	0.94	55972	90.4%	0.33	169387
从化区馆	222803	51.8%	1.63	60000	81.1%	0.44	136547
区合计	1218625	22.5%	0.81	278172	—	0.19	1500908
合计	5286478	33.4%	3.52	—	—	—	1500908

从少儿馆藏资源的整体水平来看，截至 2015 年，市级公共图书馆（含市少儿馆）人均藏书量已达到 0.84 册，接近 2020 年人均 1 册的立法目标①。根据表 3 – 21 可知，从少儿纸质文献总量来看，尽管各馆少儿纸质文献总量占全馆纸质文献总量的比例差异较大，但是，总体上市级公共图书馆合计占比达到 39.1%，区级公共图书馆合计占比达到 22.5%，两者合计占比达到 33.4%，而且全市人均少儿纸质文献量达到 3.52 册，即是在市区公共图书馆之中大约有三分之一的纸质文献是少儿文献，为推动未成年人阅读提供了信息资源的保障。

从年新增少儿纸质文献量来看，根据已有数据，有 8 个区馆 2015 年新增少儿纸质文献超过 1 万册，广州少儿馆新增文献高达 12 万余册；相对于其他指标而言，各馆新增少儿纸质文献量占全馆新增文献总量的比例较高，有 5 个馆的比例超过 50%，尤其是建成新馆的广州少儿馆、增城区馆和从化区馆，此三馆的比例甚至超过 80%，这在一定程度上说明广州市各市区公共图书馆每年都会新增一定比例的少儿馆藏，新建成的图书馆尤其重视少儿纸质文献的建设和保障，体现了广州市公共图书馆对未成年人阅读服务的重视。

总而言之，在馆藏资源上，一方面，广州市级和区级公共图书馆的少儿馆藏的总量丰富，少儿人均达到 3.52 册，远超广州市民的人均馆藏，并且每年新增一定数量的少儿读物；另一方面，各馆在少儿纸质文献的总量和增量上仍然呈现较大的不均衡，区级公共图书馆的少儿人均纸质文献量偏低，合计人均约 0.81 册，多数区馆的少儿人均纸质文献不足 1 册图书，新增少儿文献量则更低，多数区馆的少儿人均每年新增图书不足 0.2 册。这反映出市级公共图书馆对未成年人阅读的资源保障较好，而区级公共图书馆的文献保障和支持能力相对薄弱。

---

① 陈深贵. 广州市区级公共图书馆体系建设研究 [J]. 图书馆学研究，2016（8）：18 – 23.

3.4.1.3　经费

表 3 – 22　广州市各公共图书馆 2015 年度经费情况

公共图书馆	总经费（万元）	文献资源购置费		电子资源购置费		读者活动经费	
		金额（万元）	占比	金额（万元）	占比	金额（万元）	占比
广州图书馆	14721.3	3420	23.2%	742.9	5.1%	272	1.9%
广州少儿馆	5042.86	395	7.8%	40	0.8%	77	1.5%
市级合计	19764.16	3815	19.3%	782.9	4.0%	349	1.8%
越秀区馆	1505.7	145.3	9.7%	14.5	1.0%	28	1.9%
荔湾区馆	466.82	80	17.1%	8	1.7%	5	1.1%
海珠区馆	769	110	14.3%	12	1.6%	20	2.6%
白云区馆	265	45	17.0%	6	2.3%	40	15.1%
天河区馆	512.45	120	23.4%	50	9.8%	17.58	3.4%
黄埔区馆	1332.71	315	23.6%	10	0.8%	57	4.3%
番禺区馆	1228.85	145	11.8%	30	2.4%	1.7	0.1%
南沙区馆	482	250	51.9%	0	0.0%	3	0.6%
花都区馆	550.52	75.2	13.7%	15	2.7%	0.15	0.03%
增城区馆	730	55	7.5%	5	0.7%	12.3	1.7%
从化区馆	483	30	6.2%	25	5.2%	11.8	2.4%
区合计	8326.05	1370.5	16.5%	175.5	2.1%	196.53	2.4%
合计	28090.21	5185.5	18.5%	958.4	3.4%	545.53	1.9%

　　在经费方面，尽管未专门针对少儿经费的使用情况进行统计，但是总体经费情况可间接反映市区级公共图书馆对少儿阅读的资金保障情况。从经费的总量来看，一方面，随着《广州市公共图书馆条例》的颁布实施，以及广州建设"图书馆之城"规划的启动，广州市政府和各区政府对广州市公共图书馆经费投入不断增长，合计超过 2.8 亿元，尤其是广州图书馆和广州少儿馆的投入分别达到了 14721.3 万元和 5042.86 万元，越秀、黄浦、番禺等区图

书馆的经费也都超过千万元。另一方面，市区级公共图书馆的经费存在不均衡的情况，各区馆的经费差异较大，两极分化较为明显，经费达到千万元级别的区馆有 3 所，但大部分区馆的经费都在 500 万元上下，最少的白云区馆仅有 265 万元，差不多是经费最多的越秀区馆的六分之一。这种不均衡的状况不仅在一定程度上制约了这些区级公共图书馆的发展，而且影响了对未成年人阅读的推动。（见表 3 - 22）

3.4.1.4　工作人员

表 3 - 23　广州市各公共图书馆工作人员情况

公共图书馆	编制在岗人数					编制不在岗人数	合计
	正高	副高	中级	初级	无职称		
广州图书馆	6	21	119	77	0	0	223
广州少儿馆	1	12	41	16	0	2	72
市级合计	7	33	160	93	0	2	295
越秀区馆	0	1	21	6	2	0	30
荔湾区馆	0	1	8	10	3	7	29
海珠区馆	0	0	6	5	7	0	18
白云区馆	0	2	2	2	0	0	6
天河区馆	0	0	3	0	3	0	6
黄埔区馆	0	1	11	8	4	0	24
番禺区馆	0	0	11	5	3	0	19
南沙区馆	0	0	4	1	0	0	5
花都区馆	0	2	8	6	2	0	18
增城区馆	0	0	5	3	5	0	13
从化区馆	0	5	13	5	4	0	27
区合计	0	12	92	56	28	7	195
合计	7	45	252	149	28	9	490

　　如表 3 - 23 所示，广州市图书馆在编工作人员共 490 人，其中中级及以

上职称的工作人员较多，有304人，达到了总数的62.0%。然而，值得关注的是，各区馆工作人员多寡不均现象比较严重，天河、白云和南沙区馆的在编人员偏少，只有5～6人，而且全部11个区级图书馆没有一个正高职称的工作人员，中级以下职称或者无职称人数接近一半，表明广州市区级图书馆工作人员队伍有待加强，素质有待提高。如此状况在某种程度上影响这些区级图书馆对未成年人阅读发挥的应有作用。

3.4.1.5 读者服务情况

表3-24 广州市各公共图书馆读者服务情况

公共图书馆	每周开放时间（小时）	少儿读者证		少儿书外借书刊		少儿书外借人次		读者活动		流动书车服务点项目	基层辅导次数
		数量	占比	数量（册）	占比	数量	占比	场次	参加人次		
广州图书馆	72	193979	18.3%	2767544	36.7%	431693	28.8%	1261	1133230	36	—
广州少儿馆	48	306764	94.3%	2184902	97.7%	253538	91.1%	430	67896	13	11
市级合计	120	500743	36.2%	4952446	50.7%	685231	38.6%	1691	1201126	49	11
越秀区馆	72	7666	11.0%	92634	15.7%	27113	15.5%	362	77670	0	68
荔湾区馆	64	12185	45.8%	105163	36.5%	50145	39.4%	70	32905	0	120
海珠区馆	81	一卡通	—	95585	35.9%	21302	39.8%	83	32000	0	20
白云区馆	70	14189	45.2%	98089	32.3%	24109	15.6%	51	77100	0	93
天河区馆	64	一卡通	—	99201	59.7%	25653	46.2%	74	4352	0	24
黄埔区馆	64	17377	27.5%	222521	50.3%	89065	86.1%	327	165172	0	87
番禺区馆	84	10483	25.8%	206571	38.4%	240338	80.7%	133	64000	0	10
南沙区馆	66	2500	16.7%	104480	37.9%	33044	37.3%	96	20000	0	5
花都区馆	64	20466	41.3%	363241	58.0%	88231	64.9%	237	21000	5	—
增城区馆	63.5	18089	20.3%	121695	58.6%	42696	63.4%	130	50000	9	—
从化区馆	75	24531	56.9%	185817	75.6%	32258	67.2%	186	20000	10	200
区合计	767.5	127486	29.8%	1694997	42.9%	673954	51.6%	1749	564199	24	627
合计	887.5	628229	45.4%	6647443	48.4%	1359185	44.1%	3440	1765325	73	638

从表 3 – 24 可见各市区馆在开展少儿阅读服务的基本情况。在开放时间上，所有的市区馆都达到了《广州市公共图书馆条例》的相关规定，都能够提供免费开放服务。在读者活动上，全市 2015 年各馆共开展 3440 场活动，吸引 176 万余人次参加，每场超过 500 人次参加。在少儿读者证的办证数量上，全市共有累积有效少儿读者证 62.8 万个，占全市读者证总数的 45.4%，全市共有未成年人约 150 万人，即是广州市有超过四成的未成年人拥有公共图书馆读者证，有些区馆有将近半数的读者证是少儿读者证，天河区和海珠区图书馆使用"一卡通"，不独立办理少儿读者证。在少儿书外借总量上，除个别区馆之外，少儿书外借量都超过全馆外借书总量的三分之一，有 7 个馆超过一半，全市 48.4% 的外借图书是少儿书，44.1% 的外借总人次是由少儿完成，平均每人次借书达到 4.89 册。这些统计数据表明，广州市近半数少儿正在利用公共图书馆的资源和服务，是公共图书馆用户的主体人群之一，这也可能是公共图书馆能够在广州市未成年人阅读上产生重要推动作用的原因所在。

3.4.2 广州少儿馆

作为专门面向未成年人提供服务的专业性图书馆，广州少儿馆不仅在少儿阅读设施、信息资源，以及少儿阅读推广活动等方面为广州市未成年人阅读提供了强有力的支持，而且在服务理念、服务策略、服务模式与服务网络等方面，全方位推动广州市未成年人阅读。

（1）服务理念："以读者为本"，高度重视阅读推广

广州少儿馆秉承"以读者为本"的服务理念，每周开放 6 天（共 48 小时），节假日照常开放，几乎所有的服务都是围绕未成年人的阅读推广而提供，全馆的工作重心也是未成年人的阅读活动。

近年来，广州少儿馆致力于打造广州市未成年人图书馆服务的旗舰馆，并在"十三五"规划中将其目标设定为广州市未成年人的资源中心、阅读推广中心、研究中心和培训中心。该馆馆长强调："广州少儿馆要成为广州未成年人的阅读推广中心，阅读推广永远是我们图书馆最重要的任务。"可见，未成年人的阅读推广得到高度重视，是该馆工作的重中之重。2016 年，该馆开展未成年人阅读推广活动多达 1674 场。

（2）服务策略：未成年人精细化服务，注重分级阅读推广

广州少儿馆的未成年人图书馆服务策略独具特色，重视精细化服务，注重分级阅读推广，根据不同年龄段未成年人的特点与需求，有针对性地设置阅读主题馆以及相应的阅读活动。该馆馆长认为："我们是专业性的图书馆，我们的服务是想精细化发展，就是走精细化道路，我们之所以分了那么多年龄段、那么多层次，其实就是做精致，就是精细化。"由此可见，未成年人的精细化服务既是该馆现在的行动指南，也是未来的发展方向。而精细化服务的集中体现就是分年龄段、多层次地开展未成年人阅读服务和阅读推广活动。

（3）服务模式：创建以品牌活动为中心的阅读主题馆模式

在采用精细化服务策略的同时，广州少儿馆创建了以品牌活动为中心的阅读主题馆的服务模式。目前，该馆已建成了绘本馆、童趣馆、爱童馆、港台馆、文学馆、科普馆、历史馆、外文馆、音像馆、市民馆等10大主题馆，每个主题馆各具特色，精彩纷呈。这些主题馆分别采取不同于以往的统一策划、统一组织阅读推广活动的模式，根据各自的主题，自主规划、策划、管理并开展形式多样的阅读活动，并将此模式作为范例复制、推广到馆外服务。

（4）服务网络：搭建四级少儿服务网络的体系

目前，广州少儿馆已初步搭建起总馆、联合分馆、图书流通点和汽车图书馆服务点四级少儿服务网络体系。该馆在黄埔、白云、海珠、南沙、从化、增城等6个区的偏远社区，以及广州市少教所、广州市聋人学校等先后建立了28个联合分馆（其中7个分馆已实现通借通还）、40个图书流通点、12个汽车图书馆服务点，为广州郊区、城乡结合部的少年儿童提供了延伸到家门口的贴心服务，努力打造阅读就在家门口的氛围，方便广大少年儿童就近阅读。[①] 在建立服务网络体系的基础上，广州少儿馆正想方设法加强对分馆的有效管理，培训分馆管理员和志愿者，逐步实现全部分馆之间的通借通还，进而提升分馆的管理能力和服务能力。

（5）联合共赢：寻求与外部机构广泛的合作

在建立覆盖全市的服务网络的同时，广州少儿馆还积极寻求与外部机构

---

① 广州市少年儿童图书馆. 广州市少年儿童图书馆 [EB/OL]. [2017－03－10]. http：//www.gzst.org.cn/gywm/bgjs/.

的广泛合作，包括与学校图书馆、幼儿园、早教机构、各类培训机构、书商与非营利性机构等开展形式多样的各种合作，借鉴这些教育机构灵活有效的教学方法与培养方式，取长补短，合作共赢。

3.4.3 幼儿园与中小学

在本次调研中，为了进一步了解广州市未成年人的阅读环境，学校或幼儿园开展阅读活动的状况及其推广阅读的条件和措施、学校和教师对未成年人阅读的影响，以及对未成年人阅读的态度，尤其是对数字阅读的态度等，在对未成年人进行问卷调查的同时，项目组还对来自 14 所教育机构的幼儿园园长和老师、中小学的校长或者分管阅读工作的校领导、教师、中小学图书馆（室）馆长共 27 人进行了访谈调查。

3.4.3.1 学校的阅读条件和环境

无论是幼儿园，还是中小学，均相当重视阅读，注重培养学生的阅读习惯，并为促进未成年人阅读努力创造良好的条件和环境。

（1）落实相关阅读政策

接受本次访谈调查的幼儿园与中小学均能落实执行各级政府部门颁布的阅读相关政策，包括教育部颁布的《3～6 岁儿童学习与发展指南》（2012）、广东省颁布的《广东省幼儿园一日生活指引》（2015）、《广州市素质教育评价标准》等。与此同时，幼儿园和中小学内部也制定和推行鼓励课外阅读的政策，要求老师开展好书推荐、读书分享等活动，并参与市级、区级的阅读活动、阅读比赛。

（2）倡导阅读的办学理念

尽管各校的办学理念各有不同，但他们都不约而同地倡导阅读：有的学校提倡以"书法""古诗词吟诵"为中心的传统文化教育；有的学校以"绘本"为特色进行推广宣传，营造学生阅读的环境和氛围；有的学校直接就以"乐读"为校园特色，不遗余力地推广阅读，打造阅读品牌活动。近年来，由于广州市对"书香校园"的重视和"广州市中小学校园经典阅读行动"的落实，中小学校也都积极响应，纷纷开展阅读活动，打造"书香校园"。

（3）认同阅读的重要性

项目组在访谈中发现，受访者普遍认为阅读对于未成年人具有如下重要作用：其一，阅读可以提升人的内涵与气质，对学生未来的学习有很大作用，有助于树立远大的志向；其二，阅读可以扩宽学生的视野，增加学生的见识，并在一定程度上弥补城乡孩子的教育差距，应培养学生阅读的兴趣和习惯；其三，阅读可以陶冶学生情操，修身养性，教会学生与人交往，理解并关爱他人；其四，良好的阅读习惯有助于注意力的培养，对于幼儿的语言能力发展也有好处。

（4）升学压力影响阅读

在访谈中，项目组发现，在我国当前应试教育制度下，学校不得不根据不同阶段学生的实际情况，采取不同的阅读推广方式，以平衡他们的课外阅读与学业学习之间的关系，如在幼儿园阶段积极引导阅读并培养阅读的良好习惯，在小学阶段扩大学生阅读面并与学业学习形成相辅相成的互补关系，而在中学阶段因面临升学的压力不得不牺牲学生课外阅读的时间。值得关注的是，中学生的阅读受到限制，被要求必须与课程学习有关，能够促进学习（如可以提高作文分数，拓展科学知识）才被允许和认可。受访者认为造成这种阅读功利化的原因是多方面的：一方面可能受到整个社会大环境下读书较为浮躁、功利的影响，另一方面也有家长望子成龙心理的压力，还有学校之间升学率竞争等原因。

有中学的校领导认为："阅读是一种潜移默化，是个人的修养，是内在的品质，是逐渐、慢慢生成的一个过程，它显而易见的成效，可能在初中3年还没看到，甚至可能要等到他在成人之后，或者是大学之后，他积淀的这种阅读的效果才发酵出来。但是，在某种程度上，家长或者是社会，感觉这样的发酵太慢了，会疑惑能不能提高些分数啊，可能对小孩子的阅读造成一些冲击。"

难能可贵的是，有的学校已意识到这一问题，并想方设法努力解决和应对，尽可能地为学生营造轻松愉快的阅读氛围。

（5）对数字阅读的态度

当今社会数字阅读已逐渐成为一种趋势和潮流。项目组在访谈中发现，不同阶段的教育者对数字阅读持不同的态度，不少学校领导对数字阅读持比较保留和疑虑的态度。

大多数幼儿教育者认为纸质阅读和数字阅读各有优势，应同时兼顾，互为补充：纸质图书有利于阅读，给幼儿以直观的体验；电子书则方便携带，声情并茂。因此，不少幼儿园在提供绘本的同时也会将一体机、有声读物、点读笔等数字设备作为教具。也有幼儿教师认为传统纸质图书能够增进亲子感情，而倾向于纸质图书："我自己作为一个妈妈，现在数字化的资源更方便更好用，但是一定要选择的话，我自己更倾向于传统的书，那种感觉会不一样，你要和孩子靠得很近一起来看这本书，这种感觉会好过那些机器。"

小学教育者反映小学生使用电子设备进行数字阅读普遍较少，而他们更推荐小学生阅读纸质图书，主要出于三方面的原因：一是阅读纸质书更加健康，可以更好地保护学生的眼睛，这是多数学校领导共同的考虑；二是纸质阅读有着数字阅读没有的功能和体验，比如有的学校领导认为纸质书可以方便学生写笔记、批注并复习；三是数字阅读本身存在诸多问题，数字读物不够权威可靠，数字阅读设备容易被学生另作他用。

比较而言，中学教育者对数字阅读的态度趋于多元化：有的学校出于对学生自制力弱的担忧而倾向于纸质阅读；有的学校因为数字设备能够促进移动学习，且具备海量存储的特点而鼓励数字阅读；有的学校则提倡两者结合，取长补短，一方面手机是了解即时信息的手段，另一方面纸质书能够让人静下心来慢慢阅读，关键是学校要有效引导，让学生合理使用。

总而言之，许多学校领导对数字阅读还是心存疑虑，持不倡导、不建议的保守态度，导致学校引进的数字资源较少，有些学校甚至明令禁止学生携带数字设备入校。

3.4.3.2　学校推广阅读的策略与手段

受访的大部分学校均采取了举办阅读活动、设立图书室、开设阅读课程、与外部机构合作等多种策略和手段，不遗余力地向学生推广阅读。

（1）举办多姿多彩的阅读推广活动

有的幼儿园非常重视绘本阅读，并专门以此为主题开展活动，如"走近绘本，品味书香"等活动。图书漂流、亲子自制图书、走进图书馆、家长走进课堂等，也是向幼儿及家长推广阅读的主要方式。

到了小学阶段，阅读活动则更加丰富，比较普遍的是征文活动、阅读之星、书香家庭、经典诵读等。有的学校还紧跟潮流，举办了微征文比赛等。此外，小学还举办了图书漂流、阅读手抄报、寒假制作绘本、讲故事比赛、录光盘比赛、吟诵、朗诵、成长记录册、阅读沙龙、阅读月、阅读卡设计、校长书屋、课本剧等阅读活动。

中学开展的阅读活动跟课堂教学联系更为紧密，如征文比赛、语文活动月、新书推荐、图书介绍等。有的则由学生社团根据学生的爱好兴趣开展阅读活动，如在学校内部发表小说集、三体故事。此外，也会举办一些特色活动推广阅读，如丢书活动等。

（2）设置书吧和图书角

除了基本的图书室，大部分学校还会在各班级设置图书阁（图书角、图书架）、阅读区、移动图书箱；或是在学校的开放区域（如走廊、大堂）开设读书吧。这种方式灵活多变，方便学生，可随时随地借还，且书籍更新较为频繁，更切合学生的喜好，因此普遍受到了学生的欢迎。这些书吧或开放图书室不需要任何借阅手续，也无专人看管，任凭学生自取。当然，这种管理模式也会产生一些成本，可能会有学生带走图书之后不再归还。对此，有学校领导认为："学生可以自由翻阅和带走这里的图书，全凭同学的个人品德，当然也会丢失一些书，但是我宁愿把书损耗在学生手里，也不愿意书静静地躺在图书室里。"

值得一提的是，有的幼儿园的图书室主要是绘本馆，布置温馨，还兼顾到家长的利用，增设亲子阅读区域、家长阅读专柜等。

（3）增设阅读课程

在本次调研的学校中，超过半数的中小学校开设了阅读课程，作为提高学生阅读能力的辅助手段。但是，阅读课程的实施效果和上课质量存在较大的差异：有的学校主要在低年级开设绘本阅读课，高年级则不设；有的学校认为阅读主要靠平时积累，因此阅读课形同虚设；有的学校是五个班级一起上阅读课；有的学校没有单独设立专门的阅读课，仅是印刷一些阅读材料，发给学生阅读；有的学校更希望通过早读、午读的方式，在固定的时间引导学生阅读，养成规律阅读的习惯；有的学校不仅专门开设阅读课，而且编写专门的课程教材。总的来看，不少学校的阅读课程都由语文课组负责，如制定每个年级的必读书目、布置相关的阅读内容、指导学生阅读并检查阅读情况、规划各班图书角的藏书种类。

（4）与外部机构多方合作

除了上述推广未成年人阅读的策略，有些学校也会寻求与包括图书馆在内的多方机构的合作机会，共同开展阅读推广工作。其一，与幼儿园、中小学合作较多的单位是公共图书馆，如广州少儿馆、广东省立中山图书馆。例如，有的幼儿园会定期安排亲子去少儿馆参观、听故事；少儿馆也会定期组织流动车进入学校；有的学校与少儿馆长期合作，已形成共建关系；有的学校组织班级参加少图、省图的阅读活动，邀请图书馆老师入校宣讲绘本阅读等。其二，学校也与当地社区进行合作，如石牌东社区连续几年在儿童节给幼儿园送书；又如有的幼儿园与社区的绘本馆合作。其三，学校也与公益性机构进行合作，如有的幼儿园与"巧玲珑"童书馆联合举办大型的阅读活动，"巧玲珑"也会免费向学校赠送幼儿书籍。其四，学校也与书店合作举办活动，如广州购书中心定期会举办作家走进校园的活动。

尽管学校非常希望增加与图书馆合作的机会，但是，一方面由于广州市的大型图书馆通常距离学校较远，而社区或街镇图书馆又存在诸多问题，导致学校降低了合作的热情；另一方面，学校也对与图书馆合作的可靠性、长久性以及实际效果存疑。在访谈当中，学校提出了与公共图书馆合作的以下几个诉求：一是书的种类要多，更新要快；二是图书馆最好有流动的还书点；三是能够在学校里面设立 24 小时智能图书馆的网点，便于自助借阅；四是大多数学校都希望能够在社区或楼盘小区内，甚至在校内设置少儿图书馆分馆，希望公共图书馆能够经常主动走进校园。

3.4.3.3 教师在学生阅读中发挥的作用

在本次调研中，受访者普遍认为教师对教育和培养未成年人阅读习惯具有重要影响。在幼儿阶段，有的学校注重孩子阅读习惯的培养，如看书坐姿、翻书姿势、爱护图书等，教会孩子学会阅读分享；有的学校还会对教师开展阅读推广技能的培训，提升他们讲故事、提问题的能力。在小学阶段，多数受访者认为教师在小学生阅读方面发挥着示范、引领和专业指导作用，许多学校鼓励教师自己多点阅读，同时积极与同学们分享阅读心得、推荐好书、指导学生阅读。在中学阶段，有的学校要求教师言传身教，在潜移默化中影响并引导学生阅读；有的学校则认为教师可以通过给学生布置阅读作业任务，督促学生阅读。

3.4.3.4　学校鼓励家长重视孩子的阅读

不少受访者都强调家长在孩子教育方面有着无可比拟的重要作用，学校应在家长会等场合引导并鼓励家长以身作则，促进学生阅读。对于幼儿的阅读，受访者强调家长的陪伴是非常重要的，家长应尽量抽时间陪孩子阅读，让孩子逐渐养成热爱阅读的习惯。对于中小学生的阅读，不少学校领导都表达了对家庭教育缺失的失望，主要表现在：家庭不支持买书、陪伴时间少、过分看重分数、对孩子阅读督促的动力不足，将所有的责任推给学校，期望学校教育完全替代家庭教育等。有的学校领导认为："小学家长更愿意让学生多读一些童话、故事书等，也会陪孩子一起读，但是升上初中，面临应试的压力，心态就改变了。如果学生喜欢阅读，家长肯定不会阻拦，但是要家长督促学生阅读，还不如让其多做两道题，提高分数来得重要。"

如前所述，尽管校方对家长不重视孩子阅读较为失望，但是，各个学校还是不断采取各种措施加强与家长的沟通，采取多种方式，积极动员并鼓励家长重视孩子的阅读：

（1）在新生会议和家长会上不断强调、鼓励家长引导孩子阅读，这是大多数学校都会采取的方式。

（2）有的学校强调家长的陪伴，还专门设置了亲子阅读卡，要求低年级的孩子把家长陪读情况记录在阅读卡上。

（3）多数学校利用即时通讯工具和通讯平台，建立微信群、QQ群等，及时与家长进行沟通和交流，通过互相推荐、分享好书等方式，鼓励家长重视孩子的阅读。

（4）有的学校则借助家委会的力量推动阅读，对家长进行培训，并计划建设"家长书屋"，等等。

3.4.3.5　学校推广阅读的效果与困难

调研发现，受访校领导普遍认可阅读活动的效果：有的认为这些阅读活动让孩子变得安静，更有爱心；有的认为阅读活动可以提高学生的阅读积极性，能够提升学生的阅读能力。也有学校认为由于经验不足，阅读活动的效果不够突出。学校推广阅读不是一朝一夕之事，目前主要面临以下困难：

（1）阅读经费不足，这是许多学校推广阅读都面临的问题，有的学校会投入1万~2万元的专门阅读经费开展活动；有的苦于没有专门的阅读活动经费而不得不与其他活动一起开展。

（2）概括而言，受访者主要认为阅读活动的困难来自四个层面：社会、学校、家庭、学生。来自社会的主要困难包括：一是不爱读书的社会环境以及复杂的教育制度制约了阅读在学生中的推广；二是缺少名家的推动，影响了活动的参与度和影响力；三是现在碎片化阅读、浅阅读盛行，学生经典阅读较少。来自学校内部的困难包括两个方面：一方面教师向幼儿讲故事时语言表达能力薄弱，缺乏提问的技巧；另一方面学校缺乏开展阅读推广活动的资源。来自家庭层面的困难主要是家长的配合度低，对孩子阅读的重要性和意义认识不够；或者家长不够理解和认同学校的做法，认为阅读对孩子的学习成绩用处不大。来自学生自身的困难主要是学业压力大，导致阅读时间严重不足，而且学生没有形成良好的阅读习惯，缺乏自觉性。

3.4.4 中小学图书馆

3.4.4.1 小学图书馆

项目组分别从基本情况、经费、馆藏信息资源、设施设备、工作人员、服务和活动等方面，对分布在老城区、新兴区、县级区和周边区四大区域的 6 所小学图书馆进行了访谈调查和实地调查。

（1）基本情况

表 3 - 25 受访小学图书馆基本情况

学校	独立入口	馆舍面积（㎡）	阅览座位	位置与布局	每周开放时间
新兴区 C 小学	有	60	45	在教学楼 2 楼 1 个大房间	周一至周五 16：00 - 17：00
周边区 H 小学	有	338	86	在教学楼 5 楼，计划在 1 楼建新馆。 分为：A 室/览 B 室/藏书室	周一至周五 8：00 - 17：00
县级区 N 小学	有	80	50	在综合楼 4 楼 2 个房间	周一至周五 每天 8 小时
老城区 H 小学	无	200	100	在教学楼 5 楼 2 个房间：图书室/阅览室	每个学期初规定 每个年级班级 轮流借还书的时间

续表

学校	独立入口	馆舍面积（㎡）	阅览座位	位置与布局	每周开放时间
老城区S小学①	无	237	正在建设	原在教学楼4楼 正搬至1楼（正在建设）	与上课时间同步 周末不开放
新兴区J小学	有	160	130	在行政楼5楼 分为：图书室/阅览室	周一至周五 15：50-17：30 图书角全天开放

从表 3-25 可知，从位置来看，图书馆大多设置在教学楼或行政楼的四、五层，楼层较高，有些甚至没有独立入口，不便于学生经常使用图书馆。因此，已有两所学校计划新建新馆，搬至一楼，重新规划。从馆舍面积来看，有大有小，大的超过 300 平方米，小的不足 100 平方米，大致占用 1～2 个教室或房间，条件好的分为图书室和阅览室，多设置在教学楼，方便学生就近使用。从阅览座位来看，不同学校差异较大，座位最多的图书馆是座位最少的 3 倍，最低限度可以保证一个班的足够座位，以便于老师带领学生到图书馆借阅图书或教授阅读课。从开放时间来看，不同学校有不同规定，大致包括三类：依照学校正常的教学工作时间同步开放；在放学后开放；面向各班轮流开放。总的来说，开放时间不够充足。

（2）经费

表 3-26　受访小学图书馆经费状况

学校	有否固定经费 每年购书经费	近五年经费有否递增	经费使用情况
新兴区H小学	有	有	主要用于购买图书和人工支出 较少购买数字信息资源
周边区H小学	有 约2万～3万元	有	不清楚

---

① 在本报告中，老城区 S 小学即指老城区 S 学校的小学部，该学校同时包括小学和中学，项目组调查了该校小学图书馆的情况。

续表

学校	有否固定经费 每年购书经费	近五年经费有否递增	经费使用情况
县级区 N 小学	有 约 2000 元	不确定	不清楚
老城区 H 小学	有 约 7000～8000 元	有	不清楚
老城区 S 小学	有 约 1 万	有	不清楚
新兴区 J 小学	有 约 5 万	有 每年递增 1 万元	购买纸质图书与数字信息资源的 比例为 9:1（不包括人工支出）

从表 3-26 可见，总体而言，这些受访图书馆每年均有固定经费，且近 5 年呈现不断递增的趋势，这反映学校图书馆的建设，尤其是购书经费有稳定的资金保障。但是，不同学校的固定经费差异较大，这不仅与学校办学规模和学校经费有关，而且与校领导对阅读的重视和投入程度也有密切关系，不少的校长在访谈中表示打算增加用于图书采购和图书馆建设方面的投入。从经费的使用情况来看，大部分学校没有反馈明确的比例，4 所学校表示不清楚，因此无法得知其购买图书的经费使用详情。

（3）馆藏信息资源

表 3-27　受访小学图书馆纸质藏书

学校	馆藏纸质书刊 总量	2016 年 订阅报刊 种类数	2016 年新增 纸质书刊 数量	书刊采购方式和原则	编目方式
新兴区 C 小学	2 万册 生均 27 册	不清楚	4000 册	政府采购 以文学书籍为主	由市、区图 书馆统一分 编后配送

续表

学校	馆藏纸质书刊总量	2016年订阅报刊种类数	2016年新增纸质书刊数量	书刊采购方式和原则	编目方式
周边区H小学	48739册生均30册左右	十几种	1439册	由校领导讨论决定后统一向书商采购，主要采购文化、科学、教育与体育、语言与文字、文学、数理科学与化学、生物科学、综合性图书等类	自行分编
县级区N小学	26590册生均38册	不清楚	300册每年增加1%	学校财务处向经销商采购，根据规定比例主要采购青少年教育相关书刊	自行分编
老城区H小学	不清楚	不清楚	300册	在征询师生意见后采用多种方式采购，主要购买课外书，较少购买教辅书	由外包公司编目
老城区S小学	已达到小学生生均20册的标准	不清楚	不清楚	制定采购计划供每个教研组挑选	自行分编
新兴区J小学	40973册	30种	2451册音像资料10件	政府采购	自行分编

　　受访小学图书馆的藏书总量介于2万册至5万册之间，大部分学校的生均图书数量超过20册，已达到广州市标准化学校的考核指标。从2016年新增书刊数量来看，全部受访小学图书馆均已达到每年新增图书比例不少于藏书量标准的1%的指标，具体数量存在较大差异，多的达到4000册，少的仅有300册。不少学校较少订购报刊或者不清楚，这是因为这些学校不由图书

馆统一订购和管理报刊；还有些学校仅订购教师需要的杂志，而没有采购少儿类杂志。从书刊的采购方式和原则来看，这些学校的书刊采购主要经由学校领导或者教研组讨论、征询师生意见之后确定购买书刊目录，再通过政府采购配送或者直接向书商购买等方式采购图书，不同的学校重点采购的图书类别不同，主要以课外书为主，有的以文学类图书居多，有的重点采购少儿书刊，有的包括文学、教育、科普读物等各方面书刊。从书刊的编目方式看，大部分是图书馆自行分编，有 1 所学校是经由市、区图书馆统一分编后配送，还有 1 所学校是外包给第三方的商业公司编目。（见表 3 - 27）

除了纸质信息资源之外，部分图书馆也有一定数量的数字信息资源。从调研结果来看，大部分图书馆数字信息资源匮乏，未能与市、区图书馆实现数字信息资源共享，仅有部分学校整合了全国文化共享工程、农家书屋等项目的资源，主要包括书和电脑，部分学校提供无线网络。（见表 3 - 28）

表 3 - 28　受访小学图书馆数字信息资源

学校	数字资源类型	是否共享市区图书馆的数字信息资源	是否提供无线网络	是否整合全国文化共享工程、农家书屋等资源
新兴区 C 小学	无	否	否	否
周边区 H 小学	无	否	是	是，书和电脑
县级区 N 小学	无	否	否	否
老城区 H 小学	不清楚	否	不清楚	无
老城区 S 小学	建设中	建设中	建设中	建设中
新兴区 J 小学	以电子图书为主	否	是	是

（4）设施设备

表 3 - 29　受访小学图书馆设施设备

学校	计算机数量	工作人员用机数量	读者服务用机数量	是否与学校机房合建	学生上机要求	学生使用计算机情况
新兴区C 小学	1	1	0	否	无	无
周边区H 小学	2	2	2	否	由教师统一带领上计算机课程	较少
县级区N 小学	0	0	0	否	无	无
老城区H 小学	50	—	1	是	各班轮转由计算机教师带领	不清楚
老城区S 小学	1	1	0	否	无	正在新建
新兴区J 小学	1	1	0	是	有时间限制	较少

图书馆设施设备主要是指计算机等数字设备。从计算机数量来看，大部分图书馆与学校机房分开，计算机数量只有 1～2 台，大部分都只是提供工作人员使用，没有读者服务用机，有的学校甚至是工作人员与读者服务共用计算机，用以检索图书；只有一所学校因为与学校机房合在一起，计算数量相对较多，由计算机课程教师带领学生轮流上机。较多学校图书馆都没有学生到图书馆使用计算机。（见表 3 - 29）

（5）工作人员

表 3 – 30　受访小学图书馆工作人员

学校	工作人员数量	专职	兼职	学生助理/志愿者人数	工作人员培训次数	学生助理有否酬金	有无其他志愿者	志愿者工作情况
新兴区C 小学	3	0	1	16	1	否	无	图书室由学校的 36 位老师每个月轮班，每人负责一天；学生每班 2 人，按星期排班，主要负责纪律、卫生、图书整理等工作
周边区H 小学	1	1	0	10 次以上	0	否	部分老师	五、六年级每班选两位图书管理助理员协助
县级区N 小学	1	0	1	0	1	否	无	无
老城区H 小学	2	0	2	6	不详	否	家长义工	五年级每个班安排 2 名学生助理，家长义工在每周五下午 2：00 ～ 2：30 协助
老城区S 小学	1	0	1	4 ～ 5	8	否	无	小学生放学后自愿帮忙
新兴区J 小学	1	1	0	10	3	否	无	每天 2 人轮值协助整理图书

　　受访的各个学校图书馆仅有 1 ～ 2 名工作人员负责管理，而且多是由学校教师兼职，只有两所学校聘用没有编制的人员专职负责管理图书馆，他们的学历都在大专以上。图书馆的工作人员每年均会参加一些培训，也有学校参加培训较多，这些培训主要是由区教育系统、广东省立中山图书馆、广州图书馆、广州少儿馆举办。图书馆的日常工作主要由学生助理或志愿者来负责，多数图书馆都有数量不等的学生助理和志愿者，少的 2 人，多的超过 10 人，

他们基本都是从某些班级抽取部分学生来协助图书馆工作，轮流值班，不计报酬。此外，部分教师和家长义工也会作为图书馆志愿者协助图书馆工作。（见表3-30）

（6）图书馆服务和阅读活动

表3-31 受访小学图书馆的服务状况

学校	办证情况	是否对校外人士开放	是否向教师提供服务	有否与教师合作开展教学	有否定期的业务统计	2016年进馆人次	书刊外借数量	是否管理系统	有否通借通还
新兴区C小学	无需办证	否	否	否	否	约40/天	不能外借	是	否
周边区H小学	需办理专门的借书证	否	是	否	有	7858 教师30 学生7828	14150册次	是	有
县级区N小学	需办理专门的借书证	否	是	否	有 每年一次	5600 教师600 学生5000	5000册次	否	否
老城区H小学	需办理专门的借书证	否	否	有	否	未统计	不清楚	是	不清楚
老城区S小学	需办理专门的借书证	否	否	否	否	200	未统计	是	否
新兴区J小学	无需办证	否	是	有	有	782 教师62 学生720	2000册次	是	否

从办证情况来看，受访的 4 所图书馆均要求办理专门的借书证，有的新生入学即可办理，有的需要到一定年级方能办理，仅有 2 所无需办证；在开放服务方面，全部图书馆均不对外提供服务，有学校拟计划建设为家长提供服务的图书阅览区。在向教师提供服务方面，仅有半数学校图书馆向教师提供服务，主要提供借还书刊的服务；有的学校图书馆则主要面向小学生服务，另有专门的教工书屋或者存放教学资料的藏书室，为教师提供服务。在与教师合作开展教学服务方面，仅有两所学校教师与图书馆合作一起开展阅读课及读书分享会等活动，大部分尚未提供此类服务，图书馆主要作用就是为师生提供借阅图书的场所。

在图书馆服务数据方面，仅有半数的图书馆定期进行业务统计，主要记录和统计入馆人次、藏书总量和新增藏书数量、书刊借阅量等。仅有 3 所图书馆统计了 2016 年到馆人次分别为 7858 人次、5600 人次、782 人次，其中学生居多，教师到馆次数少，有的图书馆由于将部分书刊放在图书角、校园图书吧等地方，学生不到馆也可获取图书，因此到馆人次无法全面反映服务情况。已进行业务统计的 3 所图书馆的书刊外借数量分别达到了 14150 册次、5000 册次、2000 册次。有 5 所受访图书馆已使用图书馆管理系统，有的学校采用与公司合作独立开发的集成管理系统，有的学校采用的是市区图书馆的管理系统，仅有 1 所未使用任何图书馆管理系统。此外，大部分图书馆未能实现与市区图书馆或其他图书馆的通借通还。值得关注的是，有 1 所图书馆目前仍不能外借书刊，校方反馈的原因是因为校舍、馆舍面积太小；另有 3 所图书馆或是刚建成开放，或是因搬迁未开放，或是没有统计相关服务数据，这在一定程度上反映了广州市小学图书馆的建设呈现较为明显的参差不齐的状况。（见表 3－31）

表 3 - 32 2016 年受访小学图书馆阅读活动

学校	活动场次 参加人次	活动内容	活动效果	活动规划	合作 机构
新兴区 C 小学	不清楚, 全校参与 所有活动	书香家庭评比、经 典诵读、作家见面 会、图书交换	效果明显	继续举办书香 家庭评比、经 典诵读等活动	广州少儿馆 和企业
周边区 H 小学	0	无	无	与广州少儿馆 合作继续合作 开展书车进校 园活动	广州少儿馆 (是汽车图 书 馆 服 务 点)
县级区 N 小学	不清楚	不清楚	不清楚	不清楚	无
老城区 H 小学	未统计	不清楚	培养学生阅读 兴趣,丰富学 生知识。	由校领导规 划,少先队负 责执行,图书 馆配合	不清楚
老城区 S 小学	不清楚	读书笔记交流会	不清楚	不清楚	无
新兴区 J 小学	3 场次 900 人次	(1) 参加广州少儿 馆第十三届"读书 之星"活动 (2) 该小学举办诵 读中华经典美文表 演大赛 (3) 参加广州少儿 馆二十周年馆庆 "五个优秀"评选 表彰活动	扩大学生知识 面,养成阅读 习惯,让学生 更喜欢阅读, 并且更自主地 阅读适合自己 的书刊。	定期更新图书 室及红领巾图 书角的图书, 让孩子爱上 阅读	广州少儿馆

关于举办阅读活动，大部分小学图书馆负责人表示不清楚举办活动的确切场次，甚至有学校 2016 年整年没有举办任何阅读活动，仅有 1 所学校有较为详细的统计，共举办和参与了 3 场阅读活动，参与人次高达 900 人次。这些活动内容主要包括经典诵读、作家见面会、读书笔记交流会等活动以及"读书之星""书香家庭"等评选活动，这些活动大多是图书馆配合全校的工作安排或者语文科、团委等其他学校部门开展的活动，图书馆较少独自组织阅读活动。从活动效果看，举办过阅读活动的学校普遍认可阅读活动的效果，认为阅读活动能够激发学生的阅读兴趣，扩大学生知识面，并且从小培养孩子的阅读习惯。部分图书馆没有举办或者图书馆负责人不清楚是否举办阅读活动。大部分图书馆计划在未来继续开展阅读活动，有 2 所图书馆表示不清楚未来阅读活动规划。此外，在受访图书馆当中，目前已有 3 所图书馆与广州少儿馆合作开展活动，其余 3 所图书馆没有或不清楚与其他机构合作的情况。（见表 3 - 32）

3.4.4.2 中学图书馆

为了调研中学图书馆的发展现状，项目组分别从基本情况、经费、馆藏信息资源、设施设备、工作人员、服务和活动等方面，对分布在老城区、新兴区、县级区和周边区四大区域的 5 所中学图书馆进行了访谈调查和实地调查。

（1）基本情况

表 3 - 33　受访中学图书馆基本情况

学校	独立入口	馆舍面积（㎡）	位置与布局	阅览区座位数	每周开放时间
老城区L中学（初中）	有	120	在教学楼对面的教师办公楼内有一个房间	90 多	开放时间较灵活，每天在中餐后及放学后开放 30 ～ 45 分钟，阅读课也开放，其他时间学生随时可来借

续表

学校		独立入口	馆舍面积（㎡）	位置与布局	阅览区座位数	每周开放时间
老城区S中学		有	1200	教学区核心位置 占三层楼 （与网络中心在同一栋楼）	500	周一至周五 8：00－12：00 14：40－17：00 17：05－18：30
新兴区D中学		有	300	办公楼4楼楼梯口附近 主要为两个教室 （图书室和阅览室）	80	周一至周五 9：00－17：00
周边区P中学		无	552	在教学区内 但位置比较偏僻 占整栋楼的一层	200	星期一至星期五 8：00－12：00 13：00－17：30
县级区Z中学	初中	有	600	位于综合楼4～5楼 （楼下是食堂/会议厅） 综合使用	100多	周一到周五
	高中	有	2500	位置正对校门 独立图书馆	850	每天都开放 8：00－18：00

从位置来看，图书馆大多在教学楼和办公楼的附近，1所学校有独立的图书馆，一般地处校园中较为核心的位置，但个别地处比较偏僻，楼层大多分布在四、五层，有1所图书馆没有独立入口。从馆舍面积来看，其中有超过1000平方米的馆舍，也有300平方米左右的窄小馆舍。图书馆的主要布局大致分为图书室和阅览室，有些学校的图书馆与网络中心在同一栋楼，受访者表示这样的楼层分布有利于电子资源的阅览与使用。不同的学校图书馆的阅览区座位数量之间呈现较大差异，最少的仅有80个，最多的有850个。总体看来，图书馆的开放时间充足，开放时间大致在白天时间，晚上6点闭馆。（见表3－33）

（2）经费

表 3 - 34　受访中学图书馆经费

学校		有否固定经费及其金额	近五年经费有否递增	经费使用情况
老城区 L 中学 （初中）		有 0.8 万～1 万元	有	基本用于购置图书
老城区 S 中学		有	相对稳定 （购书经费充足）	主要用于购置图书资料
新兴区 D 中学		有	不清楚	不清楚
周边区 P 中学		有 约 2 万	不确定	基本都用于买书
县级区 Z 中学	初中	有	基本固定	全部用于 购买纸质图书
	高中	有	基本不变 （略有减少）	人工支出和购置图书的 比例约为 1∶1

中学的图书馆基本上每年都有固定经费，近五年来处于相对稳定的状态，部分学校稳中有升，呈现小幅增长，且这些经费大多用于购置图书资料，但也有个别学校同时需要支付图书馆的人工。不同学校的经费有一定差异，这种差异受到办学规模和经费来源等多种综合因素的影响。从访谈中得知，不少学校校长重视图书馆建设和阅读习惯的培养，个别以自费为主建设图书馆的学校校长希望能够得到政府的专项资助。从经费的使用情况来看，经费基本用于购买图书，尤其是纸质图书。（见表 3 - 34）

（3）馆藏信息资源

表 3 - 35　受访中学图书馆纸质馆藏

学校		纸质馆藏总量（册次）	2016 年订阅报刊种类数	2016 年新增纸质馆藏数量	书刊采购方式和原则	编目方式
老城区 L 中学（初中）		4 万多	120	18 种 300 多册次	报刊通过邮局订阅，图书统一购买。主要采购环保、社会、新闻类报刊主要采购名著、科普类图书	自行分编
老城区 S 中学		10 万	200	2449 种 4392 册次	定期收集各科各室订阅需求，报刊通过邮局订购，图书馆教师带领学科教师代表到书商大批量采购图书	自行分编
新兴区 D 中学		7 万多	300	7000 多册次	没有明文规定采购原则	书商编目
周边区 P 中学		102414	不清楚	不清楚	由学校总务处负责购书	自行分编
县级区 Z 中学	初中	54000	70	600 册次	读者推荐，图书馆员购置	自行分编
	高中	56000	256	833 种 1596 册次	师生推荐，图书馆购置，注重采购畅销书	自行分编

　　纸质馆藏总量从 4 万多册次到 10 万多册次不等，总体而言，受访学校图书馆的藏书总量处于较高水平，初中基本达到教育部规定的生均图书数量超过 25 册，完全中学基本能够保证生均图书数量超过 30 册。从 2016 年新增图书册数来看，大多数中学图书馆的每年新增图书比例均高于藏书量标准的 1% 的标准化学校指标。同时，新增图书数量在不同的学校间存在较大的差异，多的高达 7000 多册，少的仅有 300 多册。这些受访中学都订有种类较多的期刊杂志。从书刊的采购方式和原则来看，除个别学校无明文规定外，主要由

学校领导或学校科研组教师征集师生意见之后确定购买书刊目录，由图书馆员或学校总务处集中订购，且多数学校图书馆主要采购名著、科普类图书。大部分中学图书馆自行分编书刊，仅有 1 所学校是由书商编目。

根据调研结果，受访的中学图书馆当中，仅有很少量数字信息资源，而且基本上仅供教师利用，也没有实现与市区图书馆数字信息资源的共享，更没有学校去整合全国文化共享工程、农家书屋等资源，能够提供无线网络的学校图书室仅向教师开放。（见表 3 - 35）

（4）设施设备

表 3 - 36 受访中学图书馆设施设备

学校		计算机数量	工作人员用机数量	读者服务用机数量	是否与学校机房合建	学生上机要求	学生使用计算机情况
老城区 L 中学（初中）		12	3	1	是	仅能上网查阅电子图书 没有时间限制	很少
老城区 S 中学		60	5	55	否	按照电子阅览室管理规定和使用守则	经常有学生来上网
新兴区 D 中学		5	5	0	否	无（学生上机不归图书馆管理）	—
周边区 P 中学		5	2	2	否	没有上机	付费的数据库仅供教师使用
县级区 Z 中学	初中	4	4	0	没有	无	一般不给学生使用
	高中	8	6	2	否	无	很少

就图书馆计算机数量而言，数量上中学比小学多，受访中学都有 4 台以上计算机，但大部分是工作人员用机，除了 1 所中学因设有专门的电子阅览

室而有大量学生用机外，基本上学生很少使用图书馆的计算机；在数字信息资源方面，校方购买的付费数据库大部分仅供教师利用。（见表3-36）

（5）工作人员

表3-37 受访中学图书馆工作人员

学校		工作人员数量	专职	兼职	学生助理/志愿者人数	工作人员培训次数	学生助理有否酬金	有无其他志愿者	志愿者工作情况
老城区L中学（初中）		2	2	0	1~2	1	无	无	图书馆需要时请学生临时帮忙，每次1~2人
老城区S中学		4	4	0	60	15	无	无	采用60人轮流值班负责日常工作，另安排高一年级学生其他工作
新兴区D中学		1	1	0	6	0	无	无	分别在图书室、阅览室、二楼书吧安排两个助理
周边区P中学		2	2	0	0	5	无	无	学生参与管理
县级区Z中学	初中	3	1	2	0	3	无	无	无
	高中	60	5	2	53	3	无	无	每个工作日安排8位志愿者工作

调研发现，中学图书馆的工作人员比小学多，掌握图书馆管理专业知识的工作人员也较多，且大多数是专职人员；基本都会参与相关的工作培训，但参与次数不一，整体上比小学生图书馆工作人员多。多数图书馆都有数量不等的学生助理和志愿者，少的1至2人，多的超过60人，轮流值班，不计

报酬。（见表 3 - 37）

（6）服务和活动

表 3 - 38　受访中学图书馆服务

学校		办证情况	是否对校外人士开放	是否向教师提供服务	有否与教师合作开展教学	有否定期的业务统计	2016 年进馆人次	书刊外借数量	是否管理系统	有否通借通还
老城区 L 中学（初中）		需要办证	否	是	是	1 次/学期	500 老师 100 学生 400	700 多册	是	否
老城区 S 中学		否（校园一卡通）	否	是	是	是	未统计	4434 册	是	否
新兴区 D 中学		需要办证	否	是	是	是	3000	4000 册	是	否
周边区 P 中学		否	否	是	是	1 次/年	64320	18560 册	是	否
县级区 Z 中学	初中	需要办证	否	是	否	否	未统计	未统计	是	否
	高中	需要办证	否	是	是	1 次/年	70000 老师 7000 学生 63000	未统计	是	否

大部分学校图书馆都需要办理专门的借书证，1 所中学图书馆采用校园一卡通代替借书证。全部受访图书馆均不对校外人士开放，主要为教师提供借还书刊和期刊订阅的服务，且学校设有专项经费为教师订阅书刊。除了规模

较小的 1 所中学初中部图书馆外，其余受访学校图书馆均定期进行业务统计，这 4 所定期进行业务统计的中学图书馆 2016 年到馆人次分别达到了 500 人次、3000 人次、64320 人次和 70000 人次，绝大部分都是学生，教师较少。由于有些图书馆将部分书刊放到班级图书角、校园图书吧等地方，学生不到图书馆亦可获取图书，但这些图书馆并未统计相关数据。受访学校图书馆的书刊外借数量总体上与到馆人次成正比，介于 700 ～ 18560 册之间。受访中学图书馆全部均使用了管理系统。不过，全部学校图书馆未实现与其他图书馆的通借通还。大部分受访学校图书馆已与教师合作开展教学服务，其中与语文教研组的合作最多，主要开展各类阅读活动。（见表 3 – 38）

表 3 – 39　受访中学 2016 年阅读活动

学校	活动场次 参加人次	活动内容	活动 效果	活动规划	合作 机构
老城区 L 中学 （初中）	1 场次 全校师生 约 300 人次	阅读活动，组织学生写读书心得，并在班内交流	一般	以后每年 10 ～ 11 月开展同类阅读活动	其他图书馆
老城区 S 中学	15 场次 4000 人次	（1）全校性活动： （a）读书节系列活动："我的黄金时代"青春诗会、我为好书代言、汉字听说大赛；（b）图书展览会；（c）专题讲座；（d）图书漂流；（e）阅读马拉松；（f）"爱阅读·爱分享"阅读推广读书沙龙系列活动。 （2）图书馆义务管理员协会举办的活动： （a）图书上架比赛；（b）冬至联谊活动等。	师生反响良好	继续举办读书节的系列活动，如青春诗会，我为好书代言、图书漂流等。	广州少儿馆等

续表

学校		活动场次 参加人次	活动内容	活动效果	活动规划	合作机构
新兴区 D 中学		未统计	开设吟诵课，定期开展作文比赛、假期"每人读一本好书"活动、手抄报比赛等。	未提及	作文比赛	没有，正在沟通建设"24小时智能化图书馆"
周边区 P 中学		未统计	开设专门的阅读课，举办"常青藤文学社"活动、"丢书活动"等	未提及	未提及	较少
县级区 Z 中学	初中	未统计	开设阅读课（一周一节），图书介绍活动、新书推荐等	效果一般	无	无
	高中	1 场次 60 人次	设计书腰大赛	有一定效果	计划在4～6月举办读书节、名著阅读竞赛等	无

在受访中学中，其中 1 所中学在 2016 年内举办了 15 场阅读活动，约有 4000 人次参加；有中学图书馆在 2016 年举办 1 场阅读活动，约 300 人次参加；另有 2 所中学则没有开展阅读活动。这些阅读活动内容丰富，形式多样，主要包括新书推荐、读后感、书评大赛、阅读沙龙、专题讲座等，大多由图书馆配合语文教研组、团委等其他学校部门一起开展，图书馆较少独自组织。关于阅读活动效果，受访的学校图书馆负责人都认为适当的阅读活动能够提高学生的阅读兴趣，扩大知识面；也有中学图书馆负责人认为部分活动虽有一定效果，但功利性太强；阅读活动开展最多的那所学校教师认为阅读活动反响良好。从未来的活动规划看，之前阅读活动开展得越多的学校图书馆，继续开展活动的计划越明确；未统计阅读活动的图书馆仍无明确规划。受访

中学图书馆与其他机构合作的情况不甚理想，只有 2 所学校与其他图书馆开展了合作，还有 1 所正在与广州少儿馆沟通建设"24 小时智能化图书馆"的有关事项。（见表 3 – 39）

3.4.5　非营利机构

广州是全国最早开始社会救助制度建设和发展的城市之一，也是探索社会工作介入社会救助服务的最早的地区之一。根据《广州社会组织年度发展报告（2016）》统计，截至 2016 年 12 月 31 日，全市登记社会组织 7025 个，其中，社会团体 2714 个，民办非企业单位 4285 个，非公募基金会 26 个，比 2015 年年底新增 482 个，年增长 7.37%。[①] 由此可见，广州市的公益志愿服务体系和社工服务体系比较完备，已经逐渐形成了市政府、机关事业单位、社区、社会组织的多方合作机制。在这其中，不乏专门针对未成年人阅读的社会组织。在广州市专注未成年人阅读社会组织中，亲子阅读类的组织最多，还有一些专注阅读教育或阅读推广的组织。

作为一家民间公益助学组织，广东省担当者行动教育发展中心专注于"乡村儿童和城市打工子弟"的阅读与教育，该组织坚持"真诚、纯粹、专业"的公益理念，通过优秀的课外图书和持续有效的阅读交流活动，建立专业、全面的课外阅读助学体系。该组织于 2009 年在广东省民政厅注册，机构总部设在厦门，在广州设有办公室，已在全国 24 个省 840 所乡村学校建设 8978 个图书角。

在广州比较有代表性的青少年阅读推广公益组织是满天星青少年公益发展中心，该组织是一家专注儿童阅读推广的民间教育公益机构，于 2012 年 1 月在广州市海珠区民政局注册，其主要使命是通过建立图书馆和开展阅读推广活动，提高乡村儿童的阅读品质。该组织在中国欠发达地区选择图书资源匮乏的乡村小学建立"满天星公益图书馆"，近年来已逐步形成满天星公益图书馆网络，并以此为基础，组织青少年志愿者前往各地开展丰富多彩的阅读推广活动，从而培养乡村孩子的阅读兴趣和阅读习惯，同时提高城市青少年

---

① 广州社会组织年度发展报告［EB/OL］.［2017 – 01 – 09］. http：//www. gzfso. org. cn/html/news/events/011210S2017. html.

的社会责任意识。① 当前，该组织开展的阅读推广活动多集中于广东云浮、青海、贵州、云南等地的乡村。2014 年 4 月 20 日，该组织与海珠区图书馆、华洲街道文化站、龙潭村村委合作，在广州市海珠区龙潭村兴仁书院设立了专为外来务工子弟提供服务的兴仁书院社区图书馆，该馆面积约 300 平方米，旨在通过向龙潭村居民提供优质的图书，适合孩子、家长、家庭的课程，友好的场所，交流、沟通、分享的平台，"阅读家庭"的支持，让社区家庭享受优质的阅读生活②。该类组织的成立，一方面，可以解决学校图书馆人员不足以及缓解图书馆服务的压力等问题。另一方面，可为社会节约成本，充分利用公益组织的职能，达成效益最大化。

---

① 满天星青少年公益发展中心. 满天星青少年公益发展中心机构简介 [EB/OL]. [2016 - 10 - 19]. http：//www. starscn. org/home/about.
② 满天星青少年公益发展中心. 兴仁书院社区图书馆 [EB/OL]. [2016 - 10 - 19]. http：//www. starscn. org/Home/point/detail/id/17. html.

第二部分

专项报告

第4章　广州市中学生阅读调查研究报告

4.1　中学生调查样本的基本情况

在本次调查中，项目组共向广州市6所中学（其中2所中学涵盖初高中、3所中学仅涵盖初中、1所中学仅涵盖高中）学生发放调查问卷，回收734份，其中无效问卷2份，问卷有效率达99.73%。样本的性别、年龄、就读年级等基本信息见表4-1。样本覆盖了广州市包括老城区、新城区、周边区和县级区等四大区域的中学生，下文"中学生"代称本次调查受访的中学生。

表4-1　样本基本情况

项目		人数	百分比	有效百分比
性别	男	352	48.1%	48.2%
	女	378	51.6%	51.8%
	缺失	2	0.3%	—
	合计	732	100.0%	100.0%
年龄	11 岁	1	0.1%	0.1%
	12 岁	71	9.7%	9.8%
	13 岁	184	25.1%	25.4%
	14 岁	175	23.9%	24.1%
	15 岁	144	19.7%	19.9%
	16 岁	92	12.6%	12.7%
	17 岁	44	6.0%	6.1%
	18 岁	13	1.8%	1.8%
	19 岁	1	0.1%	0.1%
	缺失	7	1.0%	—
	合计	732	100.0%	100.0%

续表

项目		人数	百分比	有效百分比
就读年级	初一	210	28.7%	29.1%
	初二	179	24.5%	24.8%
	初三	183	25.0%	25.3%
	高一	64	8.7%	8.9%
	高二	53	7.2%	7.3%
	高三	33	4.5%	4.6%
	缺失	10	1.4%	—
	合计	732	100.0%	100.0%

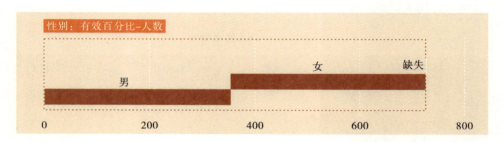

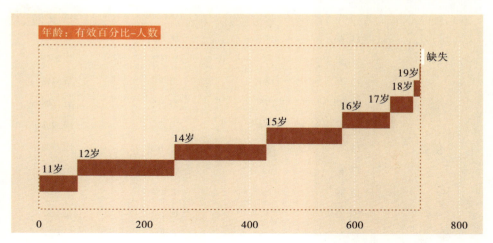

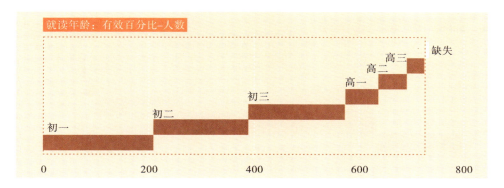

图 4 - 1　样本基本情况

　　从表 4 - 1 可知，本次受访中学生的男女比例大致相等，女生稍多，符合抽样要求；在年龄上，样本学生主要集中在 12～17 岁之间；在就读年级上，初中生样本人数多于高中生，后者大致占总有效人数的五分之一。（见表 4 - 1、图 4 - 1）

4.2　中学生的阅读态度

4.2.1　对阅读的喜爱程度

　　中学生对阅读的喜爱程度的基本情况如表 4 - 2 所示：

表 4 - 2　中学生对阅读的喜爱程度

喜爱程度	人数	百分比	有效百分比
非常喜欢	167	22.8%	22.8%
比较喜欢	370	50.5%	50.6%
一般	168	23.0%	23.0%
不太喜欢	19	2.6%	2.6%
很不喜欢	7	1.0%	1.0%
缺失	1	0.1%	——
合计	732	100.0%	100.0%

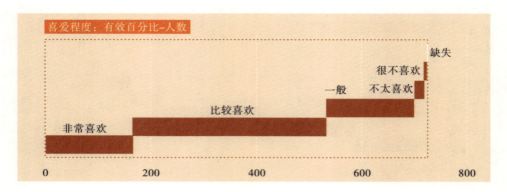

图 4-2 中学生对阅读的喜爱程度

从表 4-2 可知，22.8% 的中学生"非常喜欢"阅读，50.6% 的中学生"比较喜欢"阅读，即超过七成的中学生喜欢阅读；而"不太喜欢"和"很不喜欢"阅读的人数极少，只占总有效人数的 3.6%。（见表 4-2、图 4-2）

4.2.2 阅读重要性认知

中学生对阅读重要性的认知情况如表 4-3 所示：

表 4-3 中学生对阅读重要性认知

重要程度	人数	百分比
非常重要	359	49.0%
比较重要	288	39.3%
一般	77	10.5%
不太重要	7	1.0%
很不重要	1	0.1%
合计	732	100.0%

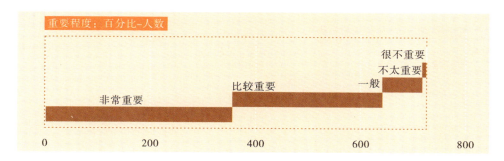

图 4 - 3 中学生对阅读重要性认知

由表 4 - 3 可见，49.0% 的中学生认为阅读"非常重要"，39.3% 的中学生认为阅读"比较重要"，即超过 80% 的中学生认为阅读是重要的，人数甚至超过上文中提到的喜爱阅读的中学生数量，极少（1.1%）中学生认为阅读不重要。（见表 4 - 3、图 4 - 3）

4.3 中学生的阅读行为

4.3.1 阅读场所

表 4 - 4 中学生的阅读场所

阅读场所	人数	百分比	个案百分比
学校	408	21.9%	55.7%
家里	626	33.6%	85.5%
交通工具（如地铁、公交等）	75	4.0%	10.2%
图书馆	458	24.6%	62.6%
书店	273	14.6%	37.3%
其他	25	1.3%	3.4%
合计	1865	100.0%	254.8%

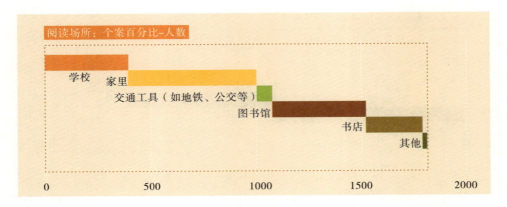

图 4 – 4　中学生的阅读场所

　　从表 4 – 4 可知，中学生主要的课外阅读场所是"家里""图书馆"和"学校"三处，而且"学校""图书馆"占比差异不大，这与中学生日常的主要生活场所状况基本吻合。其中，最多的选择是"家里"，有 85.5% 的人选择，这是因为中学生课余时间的主要活动场所是在家里；此外，在"图书馆"以及"学校"进行课外阅读的中学生也较多，分别占比 62.6% 和 55.7%。（见表 4 – 4、图 4 – 4）

4.3.2　阅读的主要目的

　　在调查问卷中，该题为排序题，不可选择超过 3 个的答案。因此，我们采用通用的加权方法进行分析，对排序为第一的因素取"3"作为权重，第二的取"2"作为权重，第三的取"1"作为权重。采用下列公式计算各选项的顺序指数：

$$O = （PCT1 * 3 + PCT2 * 2 + PCT3 * 1）/3^{①}$$

---

　　① PCT 指将某一选项排序为第几的人数占的总有效人数的有效百分比，即 PCT1 指将某一选项排序为第一的人数的占有效人数的有效百分比，PCT2、PCT3 同理。

表 4 - 5　中学生阅读主要目的

阅读目的	未选择		选择			缺失	
	人数	百分比	人数	百分比	顺序指数	人数	百分比
增加知识、开阔眼界	89	12.2%	515	70.4%	0.74	128	17.5%
个人兴趣爱好	172	23.5%	432	59.0%	0.51	128	17.5%
休闲娱乐	339	46.3%	265	36.2%	0.23	128	17.5%
提高学习成绩、学业阅读	331	45.2%	273	37.3%	0.26	128	17.5%
满足家长、学校的要求	576	78.7%	28	3.8%	0.03	128	17.5%
方便和同学交流	561	76.6%	43	5.9%	0.03	128	17.5%
掌握一些实用技能	372	50.8%	232	31.7%	0.18	128	17.5%
其他	596	81.4%	8	1.1%	0.006	128	17.5%

分析表 4 - 5，我们可以发现，"增加知识、开阔眼界""个人兴趣爱好"是选择人数最多的两个选项，也是顺序指数最高的两项，均超过 55%。这说明中学生阅读的最主要的目的是为了学到更多知识以及满足个人兴趣爱好。

4.3.3　阅读读物信息的获取渠道

表 4 - 6 反映了中学生阅读读物信息的获取渠道情况：

表 4 - 6　中学生阅读读物信息的获取渠道

获取渠道	人数	百分比	个案百分比
父母/老师	232	9.3%	31.9%
同学/朋友	390	15.7%	53.6%
阅读活动	203	8.1%	27.9%
图书馆	450	18.1%	61.8%
书店	388	15.6%	53.3%
报刊亭	126	5.1%	17.3%

续表

获取渠道	人数	百分比	个案百分比
影视节目	200	8.0%	27.5%
微信、微博	250	10.0%	34.3%
网站推荐（如亚马逊/当当）	226	9.1%	31.0%
其他	27	1.1%	3.7%
合计	2492	100.0%	342.3%
缺失	4	—	—

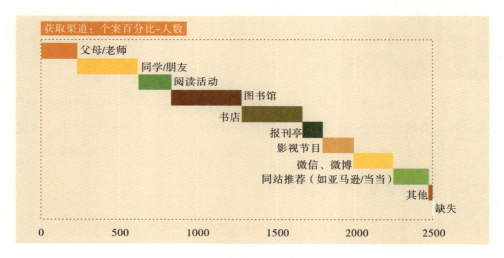

图 4-5　阅读读物信息的获取渠道

　　根据表 4-6，"图书馆""同学/朋友""书店"是中学生了解阅读读物信息的最主要渠道，均有超过 50% 的中学生从这些渠道获得读物信息，其中选择"图书馆"的人数最多。与此同时，有 34.3% 和 31.0% 的中学生通过"微信、微博"以及"网站推荐"等了解阅读读物，随着互联网的发展，线上渠道也成为中学生获取阅读读物信息的重要渠道。另外，总体来看，平均每个学生选择 3.4 个以上的答案，表明学生了解阅读读物信息的渠道较为丰富。（见表 4-6、图 4-5）

4.3.4 阅读量

2016 年受访中学生课外书阅读量基本情况如表 4-7 所示：

表 4-7 2016 年中学生课外书阅读量

阅读量	人数	百分比	有效百分比
0 本	19	2.6%	2.6%
1~10 本	314	42.9%	43.0%
11~20 本	199	27.2%	27.2%
21~30 本	79	10.8%	10.8%
31~40 本	33	4.5%	4.5%
41~50 本	23	3.1%	3.1%
50 本以上	64	8.7%	8.8%
缺失	1	0.1%	—
合计	732	100.0%	100.0%

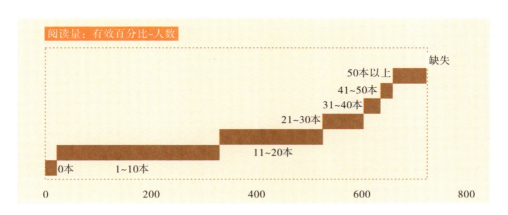

图 4-6 2016 年中学生课外书阅读量

通过表 4-7 发现，仅有 2.6% 的中学生未曾进行课外阅读，97.4% 的中学生均进行了不同程度的课外阅读。其中阅读量在"1～10 本"这个区间的人数

最多，占总有效人数的43.0%，其次是"11～20本"。（见表4-7、图4-6）

综合年级和阅读量进行分析，可以进一步发现中学生阅读的规律。表4-8是2016年中学生各年级的阅读量：

表4-8 2016年中学生各年级的阅读量

年级	初一		初二		初三		高一		高二		高三		合计	
年阅读量	人数	百分比	人数	百分比	人数	百分比	人数	百分比	人数	百分比	人数	百分比	人数	百分比
0 本	8	3.8%	5	2.8%	5	2.7%	0	0.0%	0	0.0%	1	3.0%	19	2.6%
1～10 本	63	30.1%	80	44.7%	91	49.7%	33	51.6%	29	54.7%	14	42.4%	310	43.0%
11～20 本	52	24.9%	49	27.4%	50	27.3%	15	23.4%	15	28.3%	14	42.4%	195	27.0%
21～30 本	33	15.8%	19	10.6%	15	8.2%	6	9.4%	4	7.5%	1	3.0%	78	10.8%
31～40 本	14	6.7%	4	2.2%	6	3.3%	4	6.3%	4	7.5%	1	3.0%	33	4.6%
41～50 本	9	4.3%	9	5.0%	4	2.2%	1	1.6%	0	0.0%	0	0.0%	23	3.2%
50 本以上	30	14.4%	13	7.3%	12	6.6%	5	7.8%	1	1.9%	2	6.1%	63	8.7%
合计	209	100.0%	179	100.0%	183	100.0%	64	100.0%	53	100.0%	33	100.0%	721	100.0%

在本报告的双变量交叉表中，由于两个变量同时存在缺失/未填现象，因此，这些表格会出现合计人数与单变量表格合计人数不完全一致的情况。如在表4-8中，由于"年级"和"年阅读量"两个变量都存在缺失值，因此，表中合计人数与表4-7不完全一致。同样的情况还出现在下文的类似表格中。

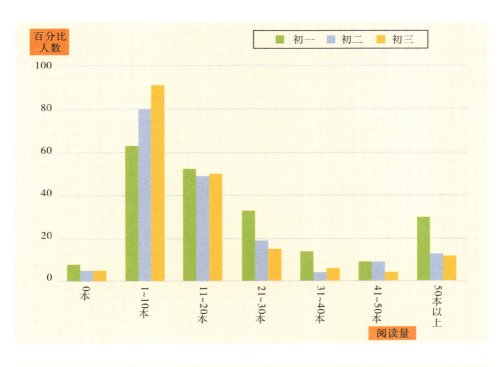

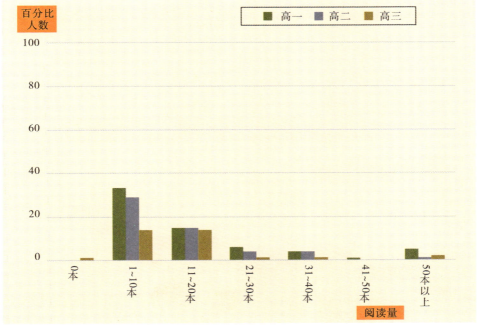

图 4 - 7　2016 年中学生各年级的阅读量

从表4-8可见，整体上，初中生和高中生的课外阅读量都有随着年级的提升而减少的趋势，毕业班课外阅读量相对更少。这主要反映在，无论是在初中阶段还是在高中阶段，随着年级的提升，年阅读量在20本以内的人数比例越来越高，年阅读量在30本以上的人数比例越来越低。（见表4-8、图4-7）

4.3.5 阅读时长

与阅读量一样，阅读时长也是反映阅读状况的基础指标之一。表4-9即为广州市中学生平均每天课外阅读时长：

表4-9 中学生平均每天课外阅读时长

阅读时长	人数	百分比	有效百分比
基本不阅读	41	5.6%	5.6%
15 分钟以内	135	18.4%	18.5%
15～30 分钟	267	36.5%	36.7%
0.5～1 小时	149	20.4%	20.5%
1～2 小时	95	13.0%	13.0%
2 小时以上	41	5.6%	5.6%
缺失	4	0.5%	—
合计	732	100.0%	100.0%

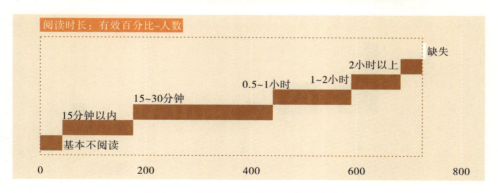

图4-8 中学生平均每天课外阅读时长

　　从表4-9来看，一方面，中学生基本不阅读的比例较低（5.6%），大部分中学生都会进行课外阅读；另一方面，平均每天阅读时长在1个小时以内（不包括基本不阅读的学生）的中学生比例高，达到了75.7%，而阅读时长高于1个小时的人数占有效人数的18.6%。其中，"15～30分钟"是最多人的选择，占总有效人数的36.7%。（见表4-9、图4-8）

　　从各年级的阅读时长分析可知，整体上初中生随着年级的升高每天平均阅读时长在下降，阅读时长在1小时以内的初中生人数比例随着年级的升高而越来越高。但是，这一趋势在高中阶段并不明显，高二年级的学生每天平均阅读时长在1小时以内的人数占比达到96.2%，远高于高一和高三年级；而且与其他年级中最多学生阅读时长在"15～30"不同，更多高二学生的阅读时长为"15分钟以内"，这一定程度反映高二学生的课外阅读时长相对更低。（见表4-10、图4-9）

表4-10　中学生各年级平均每天阅读时长

年级\阅读时长	初一 人数	初一 百分比	初二 人数	初二 百分比	初三 人数	初三 百分比	高一 人数	高一 百分比	高二 人数	高二 百分比	高三 人数	高三 百分比	合计 人数	合计 百分比
基本不阅读	11	5.3%	8	4.5%	17	9.3%	3	4.7%	2	3.8%	0	0.0%	41	5.7%
15分钟以内	30	14.4%	28	15.9%	35	19.1%	11	17.2%	20	37.7%	8	24.2%	132	18.4%
15～30分钟	75	35.9%	67	38.1%	57	31.1%	33	51.6%	16	30.2%	15	45.5%	263	36.6%
0.5～1小时	44	21.1%	35	19.9%	39	21.3%	11	17.2%	13	24.5%	4	12.1%	146	20.3%
1～2小时	34	16.3%	29	16.5%	26	14.2%	3	4.7%	0	0.0%	3	9.1%	95	13.2%
2小时以上	15	7.2%	9	5.1%	9	4.9%	3	4.7%	2	3.8%	3	9.1%	41	5.7%
合计	209	100.0%	176	100.0%	183	100.0%	64	100.0%	53	100.0%	33	100.0%	718	100.0%

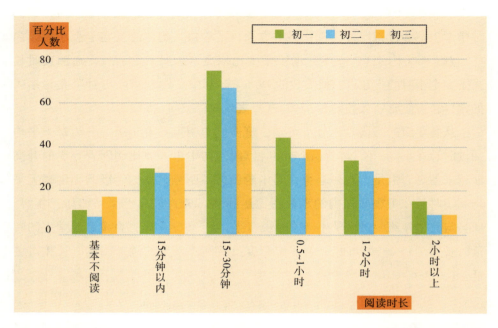

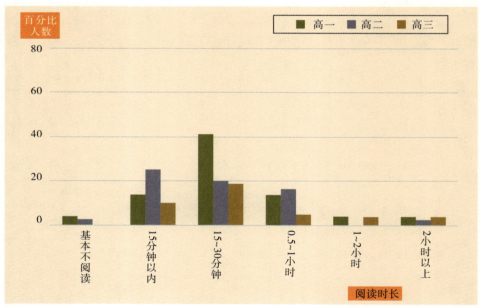

图 4-9　中学生各年级平均每天阅读时长

4.3.6 不看课外书的原因

无论是从阅读量，还是从阅读时长的调查结果来看，在中学生群体中，小部分学生基本不进行课外阅读，其原因值得关注。为此，本次调研调查了中学生不进行课外阅读的主要原因，其基本情况如表4-11所示：

表4-11 中学生不看课外书的主要原因（样本＝19）

主要原因	人数	百分比	个案百分比
没有读书的习惯/不喜欢读书	9	14.1%	47.4%
不知道该读什么书	8	12.5%	42.1%
找不到感兴趣的书	13	20.3%	68.4%
家长/老师不允许	0	0.0%	0.0%
因上网/玩游戏，没时间读书	8	12.5%	42.1%
因功课而没时间读书	10	15.6%	52.6%
因看电视而没时间读书	4	6.3%	21.1%
读书没用	1	1.6%	5.3%
缺少读书气氛	5	7.8%	26.3%
书价过高买不起	5	7.8%	26.3%
没有看书的地方	1	1.6%	5.3%
其他	0	0.0%	0.0%
合计	64	100%	336.8%
缺失	0	—	—

【说明】

本调查选取阅读量为0本的中小学生作为样本，对其不看课外书的原因进行调查研究。

101

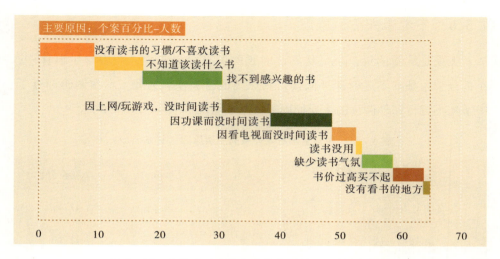

图 4 - 10　中学生不看课外书的主要原因（样本 = 19）

从表 4 - 11 可知，这些中学生不看课外书的主要原因在于"找不到感兴趣的书""因功课而没时间读书""没有读书的习惯/不喜欢读书"以及"不知道该读什么书"，分别占有效人数的 68.4%、52.6%、47.4% 和 42.1%。（见表 4 - 11、图 4 - 10）

4.3.7　阅读读物的类型偏好

从出版类型上，中学生阅读读物大致可分为图书、杂志、报纸及其他。在这一方面，中学生的偏好情况如表 4 - 12：

表 4 - 12　中学生阅读读物的类型偏好

类型偏好	人数	百分比	个案百分比
图书	617	51.5%	85.0%
杂志	319	26.6%	43.9%
报纸	157	13.1%	21.6%
其他	104	8.7%	14.3%
合计	1197	100.0%	164.9%
缺失	6	—	—

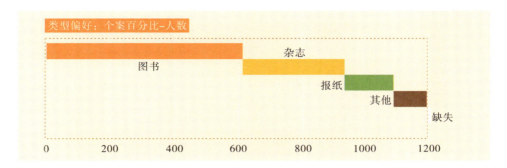

图 4 – 11 中学生阅读读物的类型偏好

根据表 4 – 12，"图书"成为最多中学生的偏好，有 85.0% 的人选择；其次是"杂志"（43.9%），再次是"报纸"（21.6%）。（见表 4 – 12、图 4 – 11）

4.3.8 阅读主题偏好

中学生的阅读主题偏好情况如表 4 – 13 所示：

表 4 – 13　中学生阅读读物的主题偏好

主题偏好	人数	百分比	个案百分比
科普百科	382	12.6%	52.3%
动漫卡通	298	9.8%	40.8%
文学名著	351	11.6%	48.0%
小说	538	17.8%	73.6%
诗歌散文	115	3.8%	15.7%
历史/地理	163	5.4%	22.3%
美术/书法/艺术	119	3.9%	16.3%
体育	76	2.5%	10.4%
军事	104	3.4%	14.2%
心理/励志	267	8.8%	36.5%
自然科学	237	7.8%	32.4%

续表

主题偏好	人数	百分比	个案百分比
旅游	115	3.8%	15.7%
娱乐休闲	243	8.0%	33.2%
其他	22	0.7%	3.0%
合计	3030	100.0%	414.5%
缺失	1	—	—

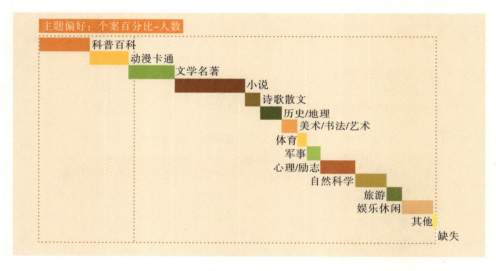

图 4 – 12　中学生阅读读物的主题偏好

　　从主题偏好来看，整体上，中学生阅读读物涉及主题广泛，平均每个人选择超过了四个答案；具体来说，"小说""科普百科""文学名著""动漫卡通"这四类主题的阅读读物较受中学生青睐，选择人数比例分别达到了73.6%、52.3%、48.0% 和 40.8%。（见表 4 – 13、图 4 – 12）

4.3.9　最喜欢的书刊排行榜

　　根据中学生列举的最喜欢的五种书刊，按照频率排列，得出中学生最喜欢的书刊排行榜，排在榜单前 10 位的如表 4 – 14：

表 4 – 14　中学生最喜欢的书刊排行榜（前 10 位）

排名	书刊名称	选择比例	图书种类
1	《意林》	5.2%	文学杂志
2	《广州日报》	4.0%	报纸
3	《读者》	3.9%	文学杂志
4	《西游记》	3.2%	国学名著
5	《海底两万里》	1.9%	科普读物
6	《三国演义》	1.9%	国学名著
7	《红楼梦》	1.6%	国学名著
8	《朝花夕拾》	1.5%	文学散文
9	《青年文摘》	1.4%	文学杂志
10	《骆驼祥子》《查理九世》	1.3%	经典小说

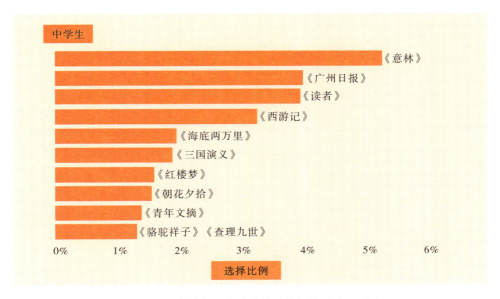

图 4 – 13　中学生最喜欢的书刊排行榜（前 10 位）

　　根据表 4 – 14 所示，整体上，文学杂志、报纸、国学名著、小说/散文、科普读物五类图书最受中学生喜爱，尤其是系列读本和中长篇的故事、小说更受中学生欢迎。具体来说,中学生最喜欢的书刊是《意林》《广州日报》《读者》,它们的选择人数远高于其他读物;此外,国学名著也深受中学生喜欢,《西游记》《三国演义》《红楼梦》三大名著一同入榜,这可看作是近年来弘扬国学的文化氛围和倡导经典阅读的阅读推广活动的良好效果。(见表 4 – 14、图 4 – 13)

4.4 中学生的阅读途径

4.4.1 课外书获取渠道

表 4 – 15 中学生课外书的获取渠道

获取渠道	人数	百分比	个案百分比
自己购买	550	25.4%	77.6%
家人购买	223	10.3%	31.5%
向他人借阅	322	14.9%	45.4%
到图书馆借阅	402	18.6%	56.7%
在书店或书吧里看	244	11.3%	34.4%
他人赠送	111	5.1%	15.7%
免费数字阅读	273	12.6%	38.5%
租书	36	1.7%	5.1%
其他	4	0.2%	0.6%
合计	2165	100.0%	305.4%
缺失	23	—	—

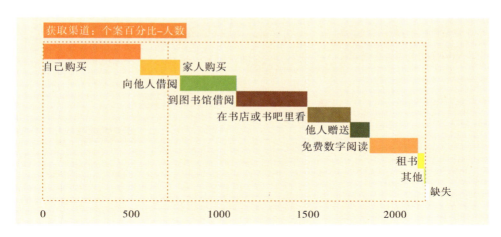

图 4 - 14　中学生课外书的获取渠道

　　根据表 4 - 15，"自己购买"和"到图书馆借阅"是中学生获取课外书的主要渠道，分别有 77.6% 和 56.7% 的中学生通过这两个渠道获取课外书，而通过"他人赠送"或者"租书"的方式来获取课外书的较少，仅分别有 15.7% 和 5.1%。（见表 4 - 15、图 4 - 14）

4.4.2　参加阅读活动的途径

　　中学生参加阅读活动的途径的基本情况如表 4 - 16 所示：

表 4 - 16　中学生参加阅读活动的途径

途径	人数	百分比	个案百分比
学校	345	30.1%	47.6%
公共图书馆	293	25.6%	40.4%
书店	251	21.9%	34.6%
课外辅导机构	65	5.7%	9.0%
其他	10	0.9%	1.4%
从未参加	181	15.8%	25.0%
合计	1145	100.0%	157.9%
缺失	7	—	—

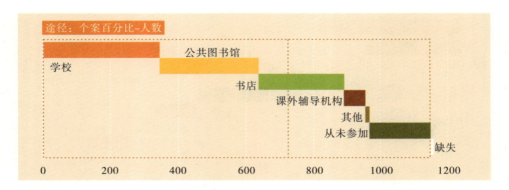

图 4 - 15　中学生参加阅读活动的途径

　　分析表 4 - 16，从阅读活动参与率来看，大多数（75.0%）的中学生参加过阅读活动，25.0% 的中学生从未参加阅读活动；从参加阅读活动的途径来看，参加学校举办的阅读活动的中学生数量最多（47.6%）；其次是公共图书馆（40.4%）和书店（34.6%）举办的阅读活动。由此可见，中学生最常参加学校、公共图书馆和书店举办的阅读活动。（见表 4 - 16、图 4 - 15）

4.4.3　去学校图书馆的频率

　　表 4 - 17 是 2016 年中学生去学校图书馆的频率的基本情况：

表 4 - 17　2016 年中学生去学校图书馆的频率

频率	人数	百分比	有效百分比
0 次	111	15.2%	15.2%
1～5 次	294	40.2%	40.3%
6～10 次	141	19.3%	19.3%
11～20 次	86	11.7%	11.8%
20 次以上	98	13.4%	13.4%
缺失	2	0.3%	—
合计	732	100.0%	100.0%

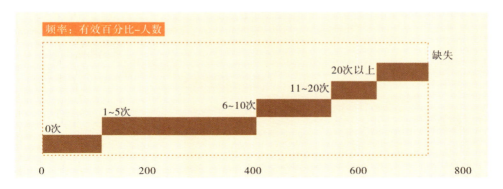

图 4 – 16 2016 年中学生去学校图书馆的频率

从表 4 – 17 可知，15.2% 的中学生 2016 年从未去过学校图书馆，大多数中学生都有去过学校图书馆。其中，多数中学生去学校图书馆的频次为"1～5 次"，占比 40.3%。(见表 4 – 17、图 4 – 16)

4.4.4 去公共图书馆的频率

表 4 – 18 2016 年中学生去公共图书馆的频率

频率	人数	百分比	有效百分比
0 次	76	10.4%	10.4%
1～5 次	295	40.3%	40.4%
6～10 次	162	22.1%	22.2%
11～20 次	107	14.6%	14.7%
20 次以上	90	12.3%	12.3%
缺失	2	0.3%	—
合计	732	100.0%	100.0%

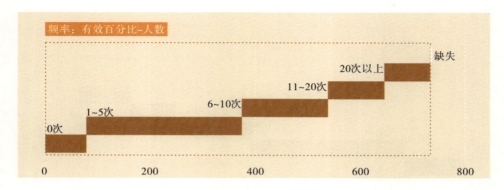

图 4 – 17　2016 年中学生去公共图书馆的频率

　　表 4 – 18 表明，大多数中学生都去过学校以外的图书馆，这一比例（89.6%）甚至超过去学校图书馆的比例（84.8%）。另外，与去学校图书馆的频率情况相似，多数中学生去过"1 ～ 5 次"，占比 40.4%。（见表 4 – 18、图 4 – 17）

4.5　中学生的阅读购买状况

4.5.1　家庭收入情况

　　表 4 – 19 反映了受访中学生家庭的收入情况：

表 4 – 19　中学生家庭每月收入情况

收入	人数	百分比	有效百分比
无收入	9	1.2%	1.2%
很低（4000 元以下）	71	9.7%	9.8%
比较低（4001 元～10000 元）	180	24.6%	24.9%
一般（1 万元以上～20000 元）	191	26.1%	26.4%
比较高（2 万元以上～40000 元）	48	6.6%	6.6%
很高（40000 元以上）	18	2.5%	2.5%
不清楚	206	28.1%	28.5%
缺失	9	1.2%	—
合计	732	100.0%	100.0%

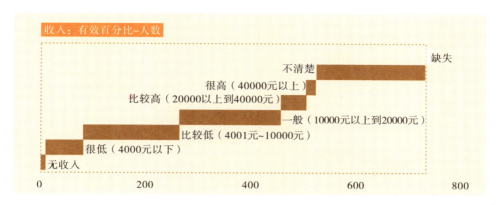

图 4-18　中学生家庭每月收入情况

　　从表 4-19 可知，28.5% 的中学生不清楚自己家庭的收入情况；在清楚家庭收入的中学生中，26.4% 的中学生的家庭收入属于"一般（10000 以上～20000）"、24.9% 的中学生家庭收入属于"比较低（4001～10000 元）"，这二者比例最高，无收入和收入"很低（4000 元以下）"的中学生家庭有11.0%。（见表 4-19、图 4-18）

4.5.2　阅读支出

　　表 4-20 反映了 2016 年家庭为中学生购买阅读读物的支出：

表 4-20　2016 年家庭为中学生购买阅读读物的支出

支出	人数	百分比	有效百分比
20 元以下	37	5.1%	5.1%
20～50 元	48	6.6%	6.6%
51～100 元	99	13.5%	13.6%
101～200 元	130	17.8%	17.8%
201～500 元	180	24.6%	24.7%
501～1000 元	83	11.3%	11.4%
1000 元以上	38	5.2%	5.2%
不清楚	115	15.7%	15.8%
缺失	2	0.3%	—
合计	732	100.0%	100.0%

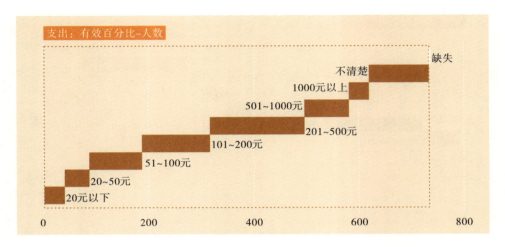

图 4 - 19　2016 年家庭为中学生购买阅读读物的支出

在家庭为中学生购买课外读物支出方面，极少家庭支出在"20 元以下"（5.1%），选择"201 ～ 500 元"的中学生最多，占到总数的24.7%，其次是"101 ～ 200 元"（17.8%），排除不清楚具体情况的同学，大部分家庭为中学生阅读支出在 101 元至 500 元，此区间在调查中处于中等及中等偏上的水准。（见表 4 - 20、图 4 - 19）

4.5.3　家庭藏书总量

表 4 - 21　中学生家庭藏书总量

家庭藏书总量	家庭数	百分比
0 本	10	1.4%
1 ～ 25 本	130	17.8%
26 ～ 50 本	131	17.9%
51 ～ 100 本	145	19.8%
101 ～ 300 本	102	13.9%
301 ～ 500 本	62	8.5%
500 本以上	65	8.9%
不清楚	87	11.9%
合计	732	100.0%

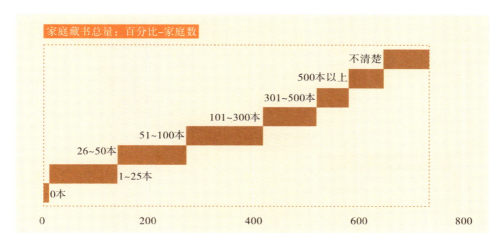

图 4 - 20 中学生家庭藏书总量

从表 4 - 21 可知,学生家庭藏书总量主要集中在"1 ~ 25 本"(17.8%)、"26 ~ 50 本"(17.9%)、"51 ~ 100 本"(19.8%) 和"101 ~ 300 本"(13.9%) 四个区间,以上四个区间分布差异不大,其中最多的是"51 ~ 100 本"。此外,超过 300 本以上藏书的家庭比例也达到了 17.4%,仅有 1.4% 的中学生家庭藏书总量为 0。(见表 4 - 21、图 4 - 20)

4.5.4 个人课外书拥有量

表 4 - 22 中学生个人课外书拥有量

拥有量	人数	百分比
0 本	11	1.5%
1 ~ 25 本	257	35.1%
26 ~ 50 本	194	26.5%
51 ~ 100 本	118	16.1%
101 ~ 300 本	68	9.3%
301 ~ 500 本	19	2.6%
500 本以上	21	2.9%
不清楚	44	6.0%
合计	732	100.0%

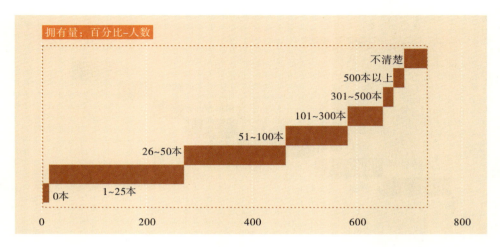

图 4 – 21　中学生个人课外书拥有量

从中学生个人课外书拥有量的情况来看，多数中学生（63.1%）课外书拥有量等于少于 50 本，其中拥有 "1～25 本"课外书的人数最多，占有效人数的 35.1%，其次是 "26～50 本"（26.5%），没有课外书的比例则较低（1.5%）。（见表 4 –22、图 4 –21）

4.6　中学生的数字阅读

4.6.1　上网时间

表 4 –23　中学生平均每天上网时间

上网时间	人数	百分比	有效百分比
不上网	54	7.4%	7.4%
15 分钟以内	96	13.1%	13.2%
15～30 分钟	138	18.9%	19.0%
0.5～1 小时	131	17.9%	18.1%
1～2 小时	169	23.1%	23.3%
2 小时以上	137	18.7%	18.9%
缺失	7	1.0%	—
合计	732	100.0%	100.0%

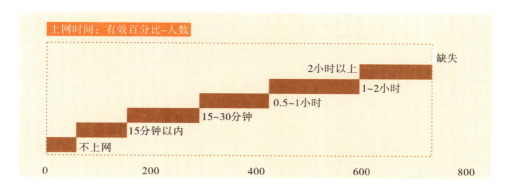

图 4 - 22 中学生平均每天上网时间

从表 4 - 22 反映的中学生上网时间的情况来看，仅有 7.4% 的学生不上网，其余各个时长区间选择人数都较为平均，没有特别的集中化趋势，上网时间在 1 ~ 2 小时的学生相对较多，达到 23.3%，超过 6 成的中学生每天平均上网时间在半小时以上，可见互联网已经成为他们日常生活中不可分割的一部分。（见表 4 - 23、图 4 - 22）

4.6.2 上网行为

中学生上网行为的基本情况如表 4 - 24 所示：

表 4 - 24 中学生上网行为

上网行为	人数	百分比	个案百分比
打网络游戏	334	9.6%	45.7%
网上聊天/交友	494	14.2%	67.6%
看影视剧	375	10.8%	51.3%
看书/看漫画	390	11.2%	53.4%
网上学习	277	7.9%	37.9%
听歌	541	15.5%	74.0%
刷朋友圈/微博	277	7.9%	37.9%

续表

上网行为	人数	百分比	个案百分比
搜寻信息	354	10.2%	48.4%
看新闻	264	7.6%	36.1%
购物	158	4.5%	21.6%
其他	23	0.7%	3.1%
合计	3487	100.0%	477.0%
缺失	1	—	—

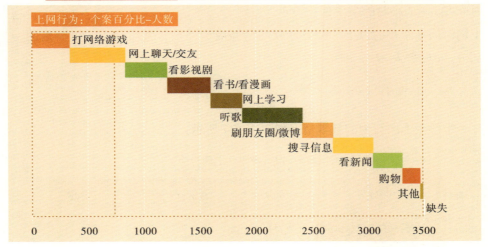

图 4 - 23   中学生上网行为

根据表 4 - 24，总体上，平均每个中学生选择了 4.77 个答案，上网行为较为多样。整体上看，"听歌"（74.0%）和"网上聊天/交友"（67.6%）是中学生上网的主要行为，其他上网行为的选择人数较为均衡。另外，中学生通过互联网满足娱乐需求的行为整体上多于满足学习需求的行为，"网上学习"和"看新闻"的选择人数比例相对较低，分别为 37.9% 和 36.1%；但值得注意的是，通过互联网"看书/看漫画"的学生比例达到了 53.4%。（见表 4 - 24、图 4 - 23）

4.6.3　数字阅读工具

表4-25　中学生数字阅读工具

数字阅读工具	人数	百分比	个案百分比
电脑	259	22.7%	35.6%
手机	608	53.3%	83.5%
iPad 等平板电脑	169	14.8%	23.2%
电子书阅读器	67	5.9%	9.2%
其他	2	0.2%	0.3%
从不数字阅读	36	3.2%	4.9%
合计	1141	100.0%	156.7%
缺失	4	—	—

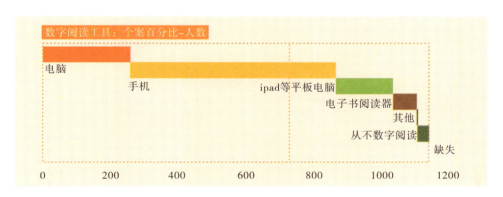

图4-24　中学生数字阅读工具

从受访中学生平时数字阅读所使用的工具来看（见表4-25），"手机"是中学生最常用的数字阅读工具，有83.5%的中学生选择，可见手机已经成了大多数中学生开展数字阅读的主要工具；其次是"电脑"和"iPad 等平板电脑"，二者合计也超过了50%。（见表4-25、图4-24）

4.6.4　数字阅读时间

表 4 - 26　中学生数字阅读时长

阅读时长	人数	百分比	有效百分比
基本不阅读	132	18.0%	18.1%
15 分钟以内	146	19.9%	20.1%
15 ～ 30 分钟	209	28.6%	28.7%
0.5 ～ 1 小时	99	13.5%	13.6%
1 ～ 2 小时	85	11.6%	11.7%
2 小时以上	57	7.8%	7.8%
缺失	4	0.5%	—
合计	732	100.0%	100.0%

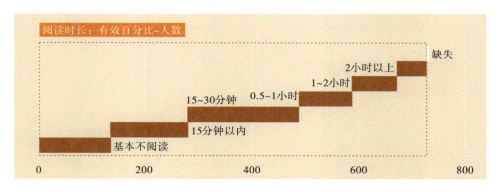

图 4 - 25　中学生数字阅读时长

　　从上述调查结果来看，有相当一部分中学生进行数字阅读。问卷进一步调查了中学生数字阅读的时长，表 4 - 26 反映了这一问题的结果。从结果来看，大部分的中学生（81.9%）进行数字阅读，其中，48.8% 的中学生数字阅读时长在半小时以内，在 0.5 ～ 2 小时的学生也有 25.3%，而阅读时间超过 2 个小时的中学生较少，仅占 7.8%。与此同时，仍有 18.1% 的中学生基本不进行数字阅读，这个比例高于上网时间反馈结果中从不上网人数的比例（7.4%），这说明有部分中学生上网，但基本不进行数字阅读。对比本章中的

"4.3.5 阅读时长"的情况，中学生数字阅读的时长明显要少于阅读课外纸本书的时长，这在一定程度上说明中学生平常更多地进行纸质阅读。（见表4-26、图4-25）

4.6.5 阅读载体

表4-27 中学生阅读载体倾向

阅读载体	人数	百分比	有效百分比
纸质阅读	369	50.4%	51.0%
数字阅读	79	10.8%	10.9%
两者差不多	267	36.5%	36.9%
都不喜欢	8	1.1%	1.1%
缺失	9	1.2%	—
合计	732	100.0%	100.0%

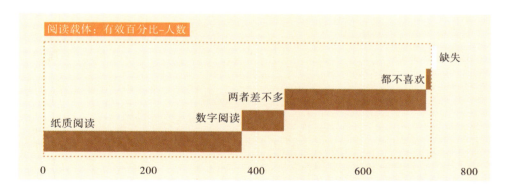

图4-26 中学生阅读载体倾向

表4-27反映了中学生阅读载体的倾向，从调查结果来看，51.0%的中学生倾向于纸质阅读，仅有10.9%的中学生倾向于数字阅读，这说明大部分的中学生更青睐纸质阅读。但是，不可忽视的是，有36.9%的中学生觉得二者差不多，这体现了纸质阅读虽然更受多数中学生的喜欢，但是数字阅读也得到了相当部分中学生的认可。（见表4-27、图4-26）

4.6.6 选择纸质阅读的原因

表 4 – 28 中学生选择纸质阅读的原因

原因	人数	百分比	个案百分比
习惯这种阅读方式	338	18.9%	46.5%
方便做记录和读书笔记	303	16.9%	41.7%
可以深入阅读	339	18.9%	46.6%
方便收藏	265	14.8%	36.5%
保护眼睛	368	20.5%	50.6%
没有电脑等数字阅读工具	25	1.4%	3.4%
有数字阅读工具，但学校、家长不允许使用	106	5.9%	14.6%
更加便宜	26	1.5%	3.6%
其他	22	1.2%	3.0%
合计	1792	100.0%	246.5%
缺失	5	—	—

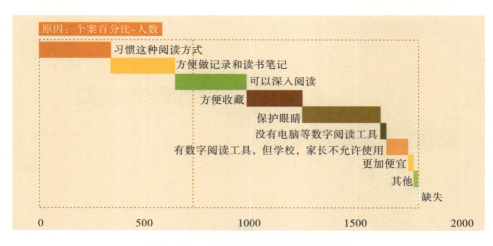

图 4 – 27 中学生选择纸质阅读的原因

  表 4 – 28 反映了中学生选择纸质阅读的原因，在这些原因中，"保护眼睛""可以深入阅读""习惯这种阅读方式"是中学生选择纸质阅读最主要的原因，分别占比 50.6% 、46.6% 、46.5% ，其中"保护眼睛"这一原因被选择的次数最多。（见表 4 – 28、图 4 – 27）

4.6.7 选择数字阅读的原因

表4-29 中学生选择数字阅读的原因

原因	人数	百分比	个案百分比
习惯了数字阅读	102	5.6%	14.7%
可以增加互动	86	4.7%	12.4%
有声音图像等，更生动	176	9.7%	25.3%
容易获取	399	22.0%	57.3%
携带方便	359	19.8%	51.6%
便于检索	171	9.4%	24.6%
方便复制和分享	214	11.8%	30.7%
收费少，甚至免费	235	12.9%	33.8%
其他	11	0.6%	1.6%
从不数字阅读	63	3.5%	9.1%
合计	1816	100.0%	260.9%
缺失	36	—	—

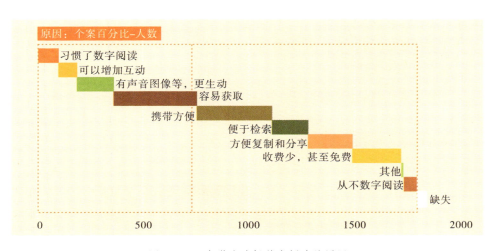

图4-28 中学生选择数字阅读的原因

表4-29反映了中学生选择数字阅读的原因，"容易获取"和"携带方便"是中学生选择数字阅读最主要的原因，比例分别达到了57.3%和

51.6%，可见方便和快捷成了吸引中学生选择数字阅读的主要因素。其次，"收费少，甚至免费"和"方便复制和分享"也是许多中学生选择数字阅读的原因。（见表 4 − 29、图 4 − 28）

4.7　对中学生阅读的影响

本次调研特别关注影响中学生阅读的人，主要包括父母和老师等群体。

4.7.1　阅读影响最大的人

表 4 − 30　对中学生阅读影响最大的人

影响最大的人	人数	百分比	有效百分比
父母/家人	101	13.8%	16.6%
老师	77	10.5%	12.6%
同学/朋友	186	25.4%	30.5%
偶像/明星	25	3.4%	4.1%
邻居	1	0.1%	0.2%
没有受到他人影响	203	27.7%	33.3%
其他	17	2.3%	2.8%
缺失	122	16.7%	—
合计	732	100.0%	100.0%

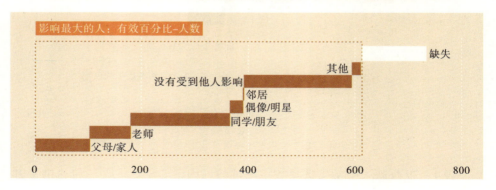

图 4 − 29　对中学生阅读影响最大的人

在"对中学生阅读影响最大的人"的调查结果中（见表4-30），有三分之一的中学生选择了"没有受到他人影响"。此外，"同学/朋友"被认为是对中学生影响最大的（占比30.5%），这与青春期学生自我意识增强、与身边同学交往较多有关。相对而言，认为"父母/家人"和"老师"是对自己阅读影响最大的人的中学生数量并不多，分别占16.6%和12.6%，较多中学生认为自己的阅读没有受到长辈及老师的影响。（见表4-30、图4-29）

4.7.2 父母阅读习惯

中学生父母阅读习惯的基本情况如表4-31所示：

表4-31 中学生父母的阅读习惯

阅读习惯	人数	百分比	有效百分比
经常阅读	125	17.1%	17.1%
有时阅读	257	35.1%	35.3%
偶尔阅读	243	33.2%	33.3%
从来不阅读	63	8.6%	8.6%
不清楚	41	5.6%	5.6%
缺失	3	0.4%	—
合计	732	100.0%	100.0%

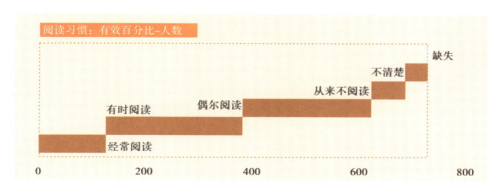

图4-30 中学生父母的阅读习惯

从表 4-31 可见，大部分中学生的父母都会进行阅读，只有 8.6% 的父母"从来不阅读"；35.3% 的中学生父母"有时阅读"，占多数；17.1% 的中学生父母会"经常阅读"，比例相对较低，但也高于"从来不阅读"的人群。（见表 4-31、图 4-30）

表 4-32　中学生父母的阅读习惯与 2016 年本人课外书阅读量的比较

本人阅读量	父母阅读习惯											
	经常看		有时看看		偶尔看看		从来不看		不清楚		合计	
	人数	百分比	人数	百分比	人数	百分比	人数	百分比	人数	百分比	人数	百分比
0 本	0	0.0%	5	1.9%	4	1.6%	6	9.5%	4	9.8%	19	2.6%
1～10 本	33	26.6%	106	41.2%	122	50.2%	29	46.0%	22	53.7%	312	42.9%
11～20 本	34	27.4%	77	30.0%	66	27.2%	15	23.8%	7	17.1%	199	27.3%
21～30 本	20	16.1%	28	10.9%	21	8.6%	4	6.3%	5	12.2%	78	10.7%
31～40 本	6	4.8%	13	5.1%	7	2.9%	6	9.5%	1	2.4%	33	4.5%
41～50 本	10	8.1%	7	2.7%	4	1.6%	2	3.2%	0	0.0%	23	3.2%
50 本以上	21	16.9%	21	8.2%	19	7.8%	1	1.6%	2	4.9%	64	8.8%
合计	124	100.0%	257	100.0%	243	100.0%	63	100.0%	41	100.0%	728	100.0%

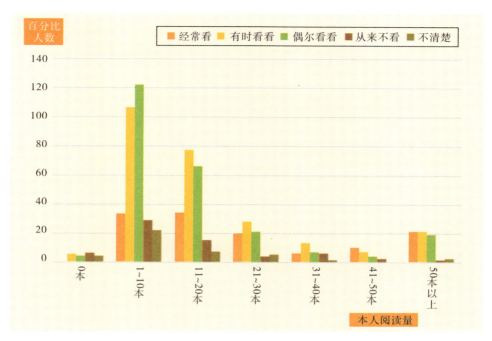

图4-31　中学生父母阅读习惯与2016年本人课外书阅读量的比较

　　进一步综合分析父母阅读习惯对中学生的阅读量的影响，发现父母"经常阅读"的中学生中有更多人的阅读量在"50本以上"，比例达到16.9%；而父母"从来不阅读"的中学生中有更多人的课外书阅读量为0本，这反映了父母阅读习惯对中学生的阅读量有明显影响。一般来说，父母阅读习惯越好，中学生的阅读量也会越大。（见表4-32、图4-31）

4.7.3　父母对待中学生课外阅读的态度

表4-33　父母对待中学生阅读的态度

父母的态度	人数	百分比	有效百分比
非常赞成	405	55.3%	55.7%
比较赞成	186	25.4%	25.6%
一般	123	16.8%	16.9%
比较反对	10	1.4%	1.4%
非常反对	3	0.4%	0.4%

续表

父母的态度	人数	百分比	有效百分比
缺失	5	0.7%	—
合计	732	100.0%	100.0%

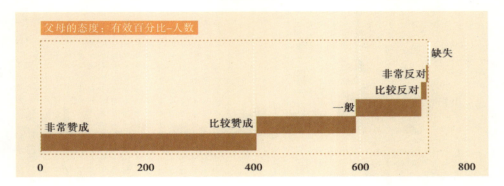

图 4 – 32　父母对待中学生阅读的态度

　　表 4 – 33 反映了父母对待中学生课外阅读的态度，55.7% 的父母"非常赞成"孩子课外阅读，25.6% 的父母"比较赞成"孩子课外阅读，只有极少数父母（1.8%）反对中学生课外阅读，大部分的中学生认为父母赞成并鼓励自己开展课外阅读。（见表 4 – 33、图 4 – 32）

4.7.4　教师对待中学生课外阅读的态度

表 4 – 34　老师对待中学生阅读的态度

老师的态度	人数	百分比	有效百分比
非常赞成	352	48.1%	48.4%
比较赞成	230	31.4%	31.6%
一般	128	17.5%	17.6%
比较反对	14	1.9%	1.9%
非常反对	4	0.5%	0.5%
缺失	4	0.5%	—
合计	732	100.0%	100.0%

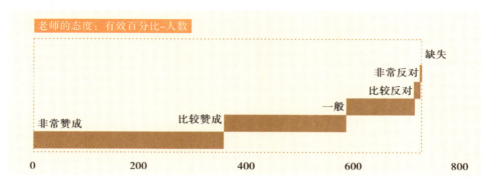

图 4 – 33　老师对待中学生阅读的态度

　　表 4 – 34 反映了教师对待中学生课外阅读的态度，与父母的态度相似，大部分的教师支持中学生课外阅读。其中，48.4% 的老师持"非常赞成"态度，31.6% 的老师持"比较赞成"态度，仅有 2.4% 的老师反对中学生课外阅读。（见表 4 – 34、图 4 – 33）

第5章 广州市小学生阅读调查研究报告

5.1 小学生调查样本的基本情况

在本次调查中，项目组共向广州市 6 所小学发放调查问卷，回收 1388 份，其中无效问卷 4 份，问卷有效率达 99.7%。表 5 - 1 所示即为样本的性别、年龄、就读年级等基本信息。由于本次调查采用严格的随机抽样方法，样本覆盖了广州市老城区、新城区、周边区和县级区等四大区域的小学生，基本可以反映广州市小学生的总体情况。

表 5 - 1 样本基本情况

项目		人数	百分比	有效百分比
性别	男	705	50.9%	51.3%
	女	669	48.3%	48.7%
	缺失	10	0.7%	—
	合计	1384	100.0%	100.0%
年龄	6 岁	58	4.2%	4.2%
	7 岁	156	11.3%	11.3%
	8 岁	231	16.7%	16.8%
	9 岁	230	16.6%	16.7%
	10 岁	288	20.8%	20.9%
	11 岁	232	16.8%	16.8%
	12 岁	159	11.5%	11.5%
	13 岁	23	1.7%	1.7%

续表

项目		人数	百分比	有效百分比
	14 岁	1	0.1%	0.1%
	缺失	6	0.4%	—
	合计	1384	100.0%	100.0%
就读年级	一年级	163	11.8%	11.8%
	二年级	230	16.6%	16.6%
	三年级	257	18.6%	18.6%
	四年级	252	18.2%	18.2%
	五年级	238	17.2%	17.2%
	六年级	242	17.5%	17.5%
	缺失	2	0.1%	—
	合计	1384	100.0%	100.0%

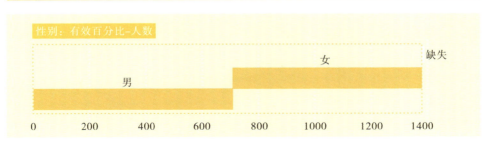

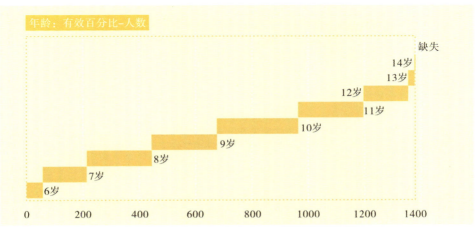

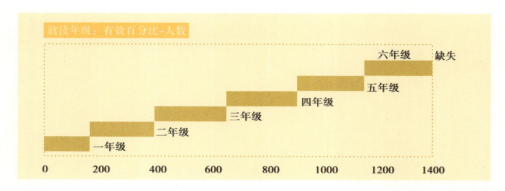

图 5 - 1　样本基本情况

从表 5 - 1 可知，本次受访小学生的男女比例大致相等，男孩稍多，符合抽样要求；从年龄上看，受访小学生主要集中在 7 ～ 12 岁这个年龄段，这符合广州的小学生招生政策；从年级分布来看，本次调查全面覆盖了一至六年级的小学生，各个年级的小学生人数较为均匀，其中一年级小学生稍少。（见表 5 - 1、图 5 - 1）

5.2　小学生的阅读态度

5.2.1　对阅读的喜爱程度

表 5 - 2　小学生对阅读的喜爱程度

喜爱程度	人数	百分比	有效百分比
非常喜欢	747	54.0%	54.3%
比较喜欢	397	28.7%	28.9%
一般	177	12.8%	12.9%
不太喜欢	36	2.6%	2.6%
很不喜欢	18	1.3%	1.3%
缺失	9	0.7%	—
合计	1384	100.0%	100%

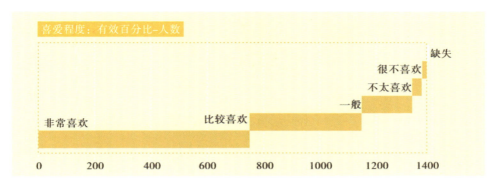

图 5 - 2 小学生对阅读的喜爱程度

54.3% 的小学生"非常喜欢"阅读，28.9 的小学生"比较喜欢"阅读，即超过 80% 的小学生喜欢阅读；而"不太喜欢"和"很不喜欢"阅读的人数极少，只占总数的 3.9%。（见表 5 - 2、图 5 - 2）

5.2.2 阅读重要性的认知

表 5 - 3 小学生对阅读重要性的认知

重要程度	人数	百分比	有效百分比
非常重要	981	70.9%	72.0%
比较重要	300	21.7%	22.0%
一般	68	4.9%	5.0%
不太重要	9	0.7%	0.7%
很不重要	5	0.4%	0.4%
缺失	21	1.5%	——
合计	1384	100.0%	100.0%

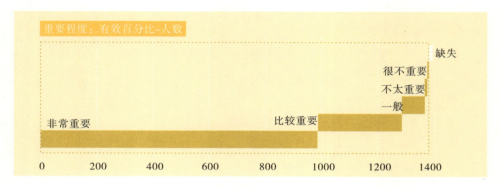

图 5 - 3 小学生对阅读重要性的认知

72.0％的小学生认为阅读"非常重要"，22.0％的小学生认为阅读"比较重要"，即超过90％的小学生认为阅读是重要的，甚至超过喜爱阅读的人数，极少（1.1％）有学生认为阅读不重要。（见表5-3、图5-3）

5.3 小学生的阅读行为

5.3.1 阅读场所

表 5 - 4 小学生的阅读场所

阅读场所	人数	百分比	个案百分比
学校	670	22.3%	48.5%
家里	1023	34.1%	74.1%
交通工具（如地铁、公交等）	68	2.3%	4.9%
图书馆	796	26.5%	57.6%
书店	411	13.7%	29.8%
其他	32	1.1%	2.3%
合计	3000	100.0%	217.2%
未填	3	—	—

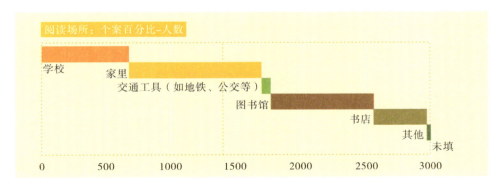

图 5 – 4　小学生的阅读场所

由表 5 – 4 可知，小学生主要的课外阅读场所是家里、图书馆和学校三处，这与小学生日常的主要生活场所状况基本吻合，最多的选择是家里，有74.1%的人选择；此外，在图书馆以及学校进行课外阅读的小学生也较多，分别占 57.6% 和 48.5%。调查发现，小学生所说的图书馆多指学校图书馆或者广州少儿馆的流动书车。（见表 5 – 4、图 5 – 4）

5.3.2　阅读的主要目的

在调查问卷中，该题为排序题，不能选择超过 3 个答案，因此，项目组采用通用的加权方法进行分析，对排序为第一的因素取"3"作为权重，第二的取"2"作为权重，第三的取"1"作为权重。采用下列公式计算各选项的顺序指数：

$$O = （PCT1 * 3 + PCT2 * 2 + PCT3 * 1）/3①$$

表 5 – 5　小学生阅读的主要目的

阅读目的	未选择		选择			缺失	
	人数	百分比	人数	百分比	顺序指数	人数	百分比
学到更多知识	73	5.3%	1076	77.7%	0.87	235	17.0%
让自己轻松、愉快	674	48.7%	475	34.3%	0.26	235	17.0%
认识更多汉字	503	36.3%	646	46.7%	0.34	235	17.0%

① PCT 指将某一选项排序为第几的人数占的总有效人数的有效百分比，即 PCT1 指将某一选项排序为第一的人数的占有效人数的有效百分比，PCT2、PCT3 同理。

续表

阅读目的	未选择		选择			缺失	
	人数	百分比	人数	百分比	顺序指数	人数	百分比
提高学习成绩	288	20.8%	861	62.2%	0.38	235	17.0%
满足家长、学校的要求	1025	74.1%	124	9.0%	0.05	235	17.0%
方便和同学、朋友交流	961	69.4%	188	13.6%	0.08	235	17.0%
其他	1133	81.9%	16	1.2%	0.008	235	17.0%

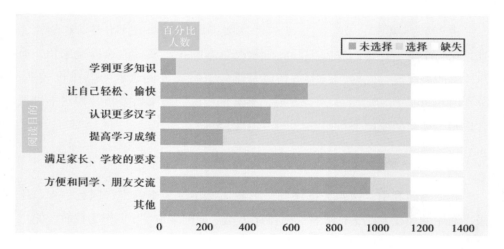

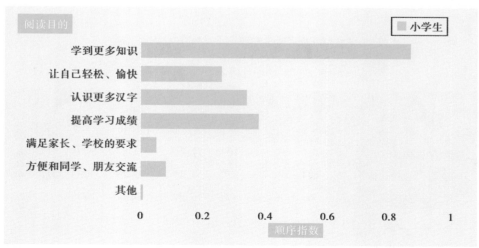

图 5-5　小学生阅读的主要目的

从表5-5可见，首先，无论从选择人数还是顺序指数看，"学到更多知识"都远高于其他选项。其次，"提高学习成绩"和"认识更多汉字"选择的人数也较多，顺序指数也相对较高。再次，"满足家长、学校的要求"和"方便和同学、朋友交流"以及"其他"等选项选择的人数极少，顺序指数也极低，这表明家长、学校未向小学生施加太多的阅读压力，而小学生对阅读能促进自己社交的目的并不强烈。（见表5-5、图5-5）

5.3.3 阅读读物信息的获取渠道

表5-6反映了小学生阅读读物信息的获取渠道情况：

表5-6 小学生阅读读物信息的获取渠道

获取渠道	人数	百分比	个案百分比
父母/老师	724	20.0%	52.7%
同学/朋友	484	13.3%	35.2%
阅读活动	449	12.4%	32.7%
图书馆	835	23.0%	60.7%
书店	581	16.0%	42.3%
报刊亭	107	2.9%	7.8%
电视	187	5.2%	13.6%
上网	228	6.3%	16.6%
其他	33	0.9%	2.4%
合计	3628	100.0%	263.9%
未填	9	—	—

"图书馆"和"父母/老师"是小学生了解阅读读物信息的最主要渠道，都有超过半数的小学生选择，其中图书馆这一渠道尤为突出，达60.7%；而"书店""同学/朋友""阅读活动"也是小学生获得阅读读物信息的重要渠道，超过三分之一的小学生从这些渠道获得读物信息。另外，总体来看，平均每个学生选择2.6个以上的渠道。（见表5-6、图5-6）

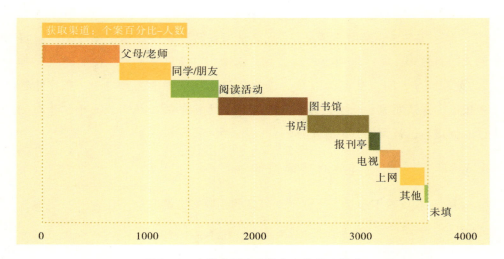

图 5 –6　小学生阅读读物信息的获取渠道

5.3.4　阅读量

阅读量能够反映阅读的基本状况。2016 年小学生课外书阅读量的基本情况如表 5 –7 所示：

表 5 –7　2016 年小学生课外书阅读量

阅读量	人数	百分比	有效百分比
0 本	32	2.3%	2.3%
1～10 本	392	28.3%	28.7%
11～20 本	280	20.2%	20.5%
21～30 本	187	13.5%	13.7%
31～40 本	97	7.0%	7.1%
41～50 本	93	6.7%	6.8%
50 本以上	285	20.6%	20.9%
缺失	18	1.3%	—
合计	1384	100.0%	100.0%

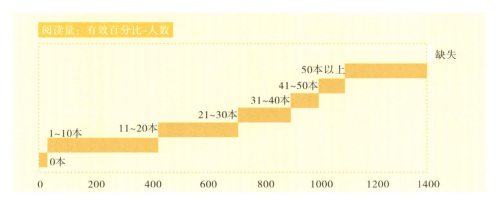

图 5 - 7　2016 年小学生课外书阅读量

　　从表 5 - 7 可知，小学生课外阅读率相当高，仅有 2.3% 的小学生未曾进行课外阅读，97.7% 的小学生都有不同程度的课外阅读行为。其中，每周阅读 1 本课外书（即年阅读量超过 50 本）的人占 20.9%，主要集中在"1 ～ 10本""11 ～ 20 本""50 本以上"三个区间，选择比例分别达到了 28.7%、20.5%、20.9%，即 49.2% 的小学生每年阅读量在 1 ～ 20 本之间。（见表 5 - 7、图5 - 7）

表 5 - 8　2016 年小学各年级阅读量

| 年级
年阅读量 | 一年级 | | 二年级 | | 三年级 | | 四年级 | | 五年级 | | 六年级 | | 合计 |
	人数	百分比	人数	百分比	人数	百分比	人数	百分比	人数	百分比	人数	百分比	人数
0 本	3	1.9%	8	3.5%	8	3.2%	5	2.0%	5	2.1%	3	1.3%	32
1 ～ 10 本	88	55.0%	76	33.6%	75	29.6%	42	16.8%	43	18.1%	68	28.6%	392
11 ～ 20 本	33	20.6%	45	19.9%	47	18.6%	44	17.6%	49	20.7%	61	25.6%	279
21 ～ 30 本	15	9.4%	25	11.1%	29	11.5%	48	19.2%	39	16.5%	31	13.0%	187
31 ～ 40 本	5	3.1%	15	6.6%	22	8.7%	20	8.0%	21	8.9%	14	5.9%	97
41 ～ 50 本	4	2.5%	8	3.5%	23	9.1%	26	10.4%	21	8.9%	11	4.6%	93
50 本以上	12	7.5%	49	21.7%	49	19.4%	65	26.0%	59	24.9%	50	21.0%	284
合计	160	100.0%	226	100.0%	253	100.0%	250	100.0%	237	100.0%	238	100.0%	1364

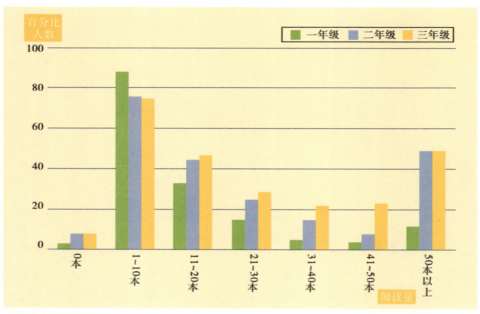

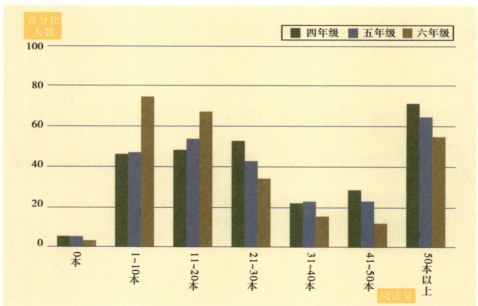

图 5-8　2016 年小学各年级阅读量

对各个年级的阅读量进行进一步分析，发现小学生阅读具有以下规律：整体而言，小学生阅读量随着年级的增长而增加，小学一年级学生的阅读量相对较少，这可能是受限于他们自身识字能力和独立阅读能力的相对薄弱；三年级开始，小学生的阅读量明显增加，这主要反映在阅读量少于 20 本的人数比例降低，阅读量在 30 本以上的人数比例增加；四年级和五年级的小学生的阅读量最大，他们 10 本以下阅读量的人数只占总人数比例的 18.8% 和 20.2%，远低于其他年级，而 50 本以上阅读量的人数比例也高于其他年级。（见表 5 – 8、图 5 – 8）

5.3.5　阅读时长

与阅读量一样，阅读时长也是反映阅读状况的基础指标之一。表 5 – 9 即为广州市小学生平均每天课外书阅读时长：

表 5 – 9　小学生平均每天课外书阅读时长

阅读时长	人数	百分比	有效百分比
基本不阅读	35	2.5%	2.6%
15 分钟以内	236	17.1%	17.3%
15～30 分钟	416	30.1%	30.5%
0.5～1 小时	298	21.5%	21.9%
1～2 小时	226	16.3%	16.6%
2 小时以上	152	11.0%	11.2%
缺失	21	1.5%	—
合计	1384	100.0%	100.0%

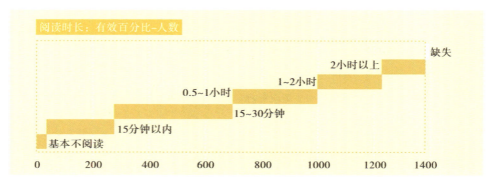

图 5 – 9　小学生平均每天课外书阅读时长

从阅读时长上看，一方面，基本不进行课外阅读的人数极少，仅占有效人数的2.6%，说明小学生普遍都会阅读课外书；另一方面，"15～30分钟"是最多人的选择，占有效人数的30.5%；大部分小学生的阅读时长都在15分钟至1个小时这个区间，占有效人数的52.4%，高于1个小时的人数占有效人数的27.8%，高于半个小时和低于半个小时的人数大致相等，分别占有效人数的50.4%和49.6%，这说明大部分小学生每天平均课外阅读时间不到1个小时，但有一半的小学生每天平均课外阅读时间超过半小时。（见表5-9、图5-9）

表5-10 小学各年级平均每天阅读时长

年级	一年级		二年级		三年级		四年级		五年级		六年级		合计
阅读时长	人数	百分比	人数	百分比	人数	百分比	人数	百分比	人数	百分比	人数	百分比	人数
基本不阅读	4	2.5%	7	3.1%	8	3.2%	7	2.8%	2	0.9%	7	3.0%	35
15分钟以内	44	27.2%	48	21.2%	64	25.4%	49	19.6%	14	6.0%	16	6.8%	235
15～30分钟	51	31.5%	72	31.9%	77	30.6%	69	27.6%	77	32.9%	70	29.5%	416
0.5～1小时	37	22.8%	44	19.5%	36	14.3%	48	19.2%	68	29.1%	65	27.4%	298
1～2小时	16	9.9%	27	11.9%	42	16.7%	47	18.8%	47	20.1%	46	19.4%	225
2小时以上	10	6.2%	28	12.4%	25	9.9%	30	12.0%	26	11.1%	33	13.9%	152
合计	162	100.0%	226	100.0%	252	100.0%	250	100.0%	234	100.0%	237	100.0%	1361

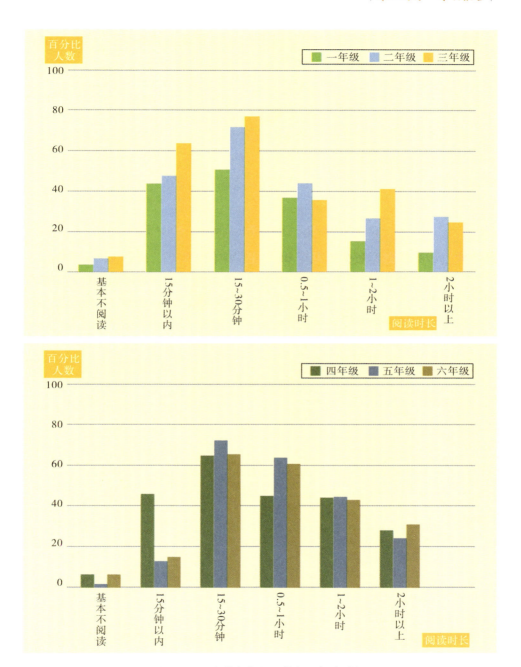

图 5 - 10　小学各年级平均每天阅读时长

通过分析各年级的阅读时长，发现阅读时长与阅读量呈现相似的规律，即整体上随着年级的增长每天平均课外书的阅读时长随之增加，这主要反映在阅读时长高于 1 个小时的人数占总人数的比例越来越高，一年级仅有 16.1%，而四、五、六年级都高于 30%。（见表 5-10、图 5-10）

5.3.6 不看课外书的原因

无论是从阅读量还是从阅读时长的调查结果来看，在小学生群体中都存在小部分的学生基本不进行课外阅读，内中原因值得关注。为此，本次调研发现小学生不进行课外阅读的主要原因如表 5-11 所示：

表 5-11 小学生不看课外书的主要原因（样本=32）

主要原因	人数	百分比	个案百分比
不喜欢看书	9	22.5%	32.1%
不知道该看什么书	5	12.5%	17.9%
找不到感兴趣的书	11	27.5%	39.3%
家长/老师不允许	0	0.0%	0.0%
因上网/玩游戏，没时间读书	4	10.0%	14.3%
作业太多，没时间读书	4	10.0%	14.3%
看电视，没时间读书	3	7.5%	10.7%
没人教我看书	1	2.5%	3.6%
身边没人看书	0	0.0%	0.0%
爸爸妈妈没钱给我买书	1	2.5%	3.6%
没有看书的地方	0	0.0%	0.0%
其他	2	5.0%	7.1%
合计	40	100.0%	142.9%
未填	4	—	—

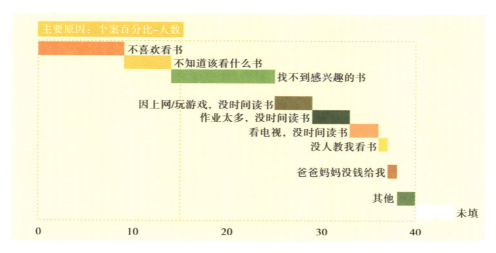

主要原因：个案百分比-人数

不喜欢看书
不知道该看什么书
找不到感兴趣的书
因上网/玩游戏，没时间读书
作业太多，没时间读书
看电视，没时间读书
没人教我看书
爸爸妈妈没钱给我
其他
未填

图 5 – 11　小学生不看课外书的主要原因

从表 5 – 11 可知，这些受访小学生不看课外书的主要原因在于"找不到感兴趣的书"以及"不喜欢看书"，分别占有效人数的 39.3% 和 32.1%。（见表 5 – 11、图 5 – 11）

5.3.7　阅读读物的类型偏好

从出版类型上，小学生阅读读物大致可分为图书、杂志、报纸及其他。在这一方面，小学生的偏好情况如表 5 – 12：

表 5 – 12　小学生阅读读物的类型偏好

类型偏好	人数	百分比	个案百分比
图书	1238	65.4%	92.6%
杂志	307	16.2%	23.0%
报纸	222	11.7%	16.6%
其他	126	6.7%	9.4%
合计	1893	100.0%	141.6%
未填	47	—	—

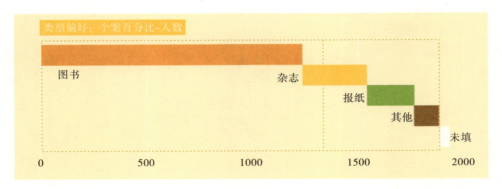

类型偏好：个案百分比-人数

图书　　杂志　　报纸　　其他　　未填

图 5 – 12　小学生阅读读物的类型偏好

根据表 5 – 12，小学生对图书的偏好远远高于其他出版形式的出版物，有 92.6% 的小学生选择经常阅读"图书"；其次是"杂志"，再次是"报纸"，部分学校专门订购小学生杂志和报纸，并安排专门的时间阅读；此外，选择"其他"的比例几乎达到 10%，从填写的内容来看，这个比例相对较高的原因可能是低年级的小学生难以区分图书与杂志。（见表 5 – 12、图 5 – 12）

5.3.8　阅读读物的主题偏好

从主题偏好来看，整体上，小学生阅读读物涉及主题广泛，平均每个人选择约 4 个答案，除"其他"这一选项之外其他 13 类主题都有超过 10% 的人选择，相对较为均匀；具体来说，动漫卡通、童话寓言、历险故事、科普百科、科幻神话这五类主题的阅读读物较受广州小学生青睐。（见表 5 – 13、图 5 – 13）

表 5 – 13　小学生阅读读物的主题偏好

主题偏好	人数	百分比	个案百分比
科普百科	516	9.8%	37.4%
动漫卡通	606	11.5%	43.9%
童话寓言	597	11.3%	43.3%
图画书	391	7.4%	28.4%
益智游戏	299	5.7%	21.7%
校园小说	381	7.2%	27.6%

续表

主题偏好	人数	百分比	个案百分比
文学名著	333	6.3%	24.1%
诗歌散文	191	3.6%	13.9%
励志成长	227	4.3%	16.5%
美术/书法/艺术	252	4.8%	18.3%
历险故事	561	10.6%	40.7%
科幻神话	515	9.8%	37.3%
作文精选	354	6.7%	25.7%
其他	54	1.0%	3.9%
合计	5277	100.0%	382.7%
未填	5	—	—

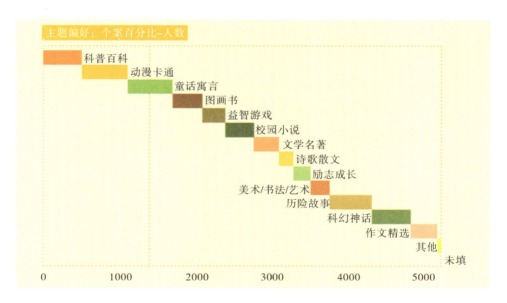

图 5-13　小学生阅读读物的主题偏好

5.3.9 阅读方式

表 5 – 14　小学生阅读方式的选择

阅读方式	人数	百分比	个案百分比
家长读给我听	131	5.7%	9.6%
家长陪我一起读	305	13.4%	22.3%
自己阅读	1113	48.8%	81.4%
和小伙伴一起读	482	21.1%	35.3%
到图书馆听故事	224	9.8%	16.4%
其他	25	1.1%	1.8%
合计	2280	100.0%	166.8%
未填	17	—	—

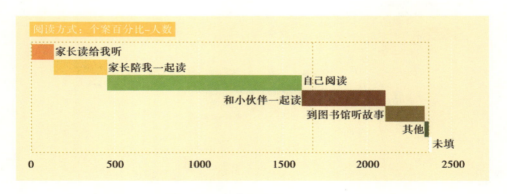

图 5 – 14　小学生阅读方式的选择

从表 5 – 14 可知，81.4%的小学生选择"自己阅读"，35.3%的小学生选择"和小伙伴一起读"，22.3%的小学生选择"家长陪我一起读"，这说明大部分的小学生倾向于独自阅读。

对不同年龄段的小学生的阅读方式进行分析，发现随着年龄的增长，选择"家长读给我听"和"家长陪我一起读"的人数逐渐减少，选择"自己阅读"的人数逐渐增加。（见表 5 – 14、图 5 – 14）

小学生各个年龄的阅读方式见表5-15、图5-15。

表5-15 小学生各个年龄的阅读方式

年级 阅读方式	6岁		7岁		8岁		9岁		10岁		11岁		12岁		13岁		14岁		合计
	人数	个案百分比	人数	个案百分比	人数	个案百分比	人数	个案百分比	人数	个案百分比	人数	个案百分比	人数	个案百分比	人数	个案百分比	人数	个案百分比	人数
家长读给我听	21	37.5%	39	25.0%	32	14.0%	22	9.8%	9	3.2%	3	1.3%	3	1.9%	1	4.3%	0	0.0%	130
家长陪我一起读	30	53.6%	77	49.4%	64	27.9%	47	20.9%	37	13.1%	35	15.2%	11	7.0%	3	13.0%	0	0.0%	304
我自己读	37	66.1%	101	64.7%	172	75.1%	182	80.9%	244	86.5%	208	90.0%	145	91.8%	21	91.3%	1	100.0%	1111
和小伙伴一起读	25	44.6%	74	47.4%	88	38.4%	75	33.3%	83	29.4%	80	34.6%	45	28.5%	9	39.1%	0	0.0%	479
到图书馆听故事	7	12.5%	38	24.4%	43	18.8%	36	16.0%	41	14.5%	34	14.7%	21	13.3%	3	13.0%	0	0.0%	223
其他	0	0.0%	1	0.6%	8	3.5%	7	3.1%	3	1.1%	5	2.2%	1	0.6%	0	0.0%	0	0.0%	25
答题人数	56		156		229		225		282		231		158		23		1		1361

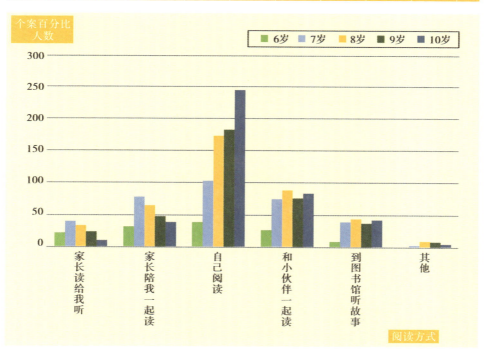

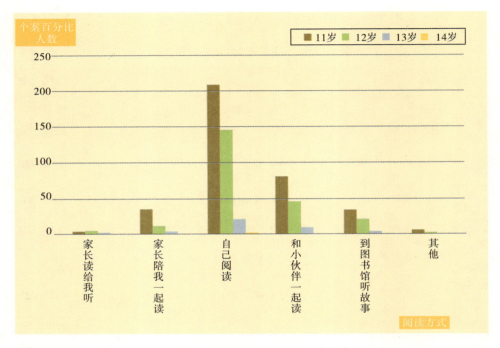

图 5 – 15　小学生各个年龄的阅读方式

5.3.10　最喜欢的书刊排行榜

在问卷调查中，项目组对小学生最喜欢的 5 种书刊进行了调查，根据书刊被列举的频率排列，由此得出了小学生最喜欢的书刊排行榜。（见表 5 – 16、图 5 – 16）

表 5 – 16　小学生最喜欢的书刊排行榜（前十位）

排名	书刊名称	选择比例	图书种类
1	《十万个为什么》	12.9%	科普读物/系列读本
2	《查理九世》	9.2%	历险故事/系列读本
3	《西游记》	9.0%	国学名著
4	《笑猫日记》	7.1%	儿童小说/系列读本
5	《格林童话》	6.5%	童话故事
6	《昆虫记》	5.7%	科普读物/系列读本

续表

排名	书刊名称	选择比例	图书种类
7	《三国演义》	5.7%	国学名著
8	《狼王梦》	5.4%	儿童小说
9	《窗边的小豆豆》	3.8%	儿童小说
10	《红楼梦》	3.7%	国学名著

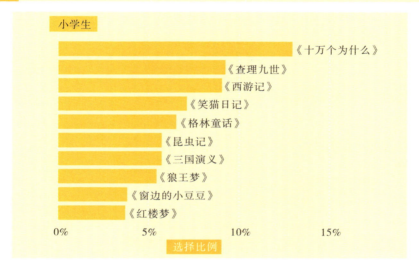

图 5 – 16　小学生最喜欢的书刊排行榜（前十位）

5.4　小学生的阅读途径

5.4.1　课外书的获取渠道

表 5 – 17　小学生课外书的获取渠道

获取渠道	人数	百分比	个案百分比
自己购买	402	11.6%	29.2%
家人购买	875	25.2%	63.5%
找同学借	396	11.4%	28.8%

续表

获取渠道	人数	百分比	个案百分比
图书馆	765	22.0%	55.6%
在书店或书吧里看	274	7.9%	19.9%
学校派发	267	7.7%	19.4%
上网看	239	6.9%	17.4%
别人赠送	235	6.8%	17.1%
其他	22	0.6%	1.6%
合计	3475	100.0%	252.4%
未填	7	—	—

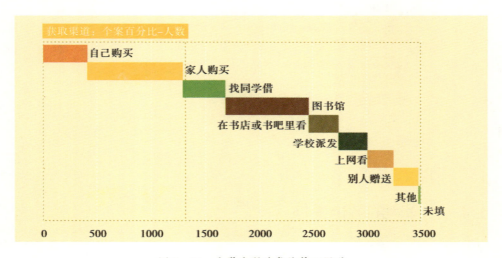

图 5 - 17　小学生课外书的获取渠道

"家人购买"和"图书馆"是小学生获取课外书的主要渠道,分别有 63.5% 和 55.6% 的小学生通过这两个渠道获取课外书,选择其他渠道的人数 较为均匀。平均每个学生选择了超过 2.5 个答案。(见表 5 - 17、图 5 - 17)

5.4.2　参加阅读活动的途径

小学生参加阅读活动的途径如表 5 - 18 所示:

表 5 – 18　小学生参加阅读活动的途径

途径	人数	百分比	个案百分比
学校	746	35.9%	54.2%
公共图书馆	482	23.2%	35.0%
书店	401	19.3%	29.1%
课外辅导机构	155	7.5%	11.3%
其他	34	1.6%	2.5%
从未参加	262	12.6%	19.0%
合计	2080	100.0%	151.2%
未填	8	—	—

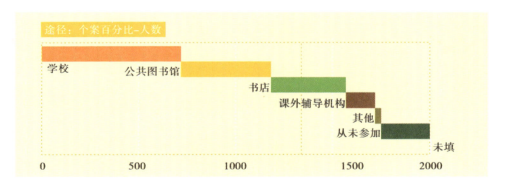

图 5 – 18　小学生参加阅读活动的途径

从总体情况来看，小学生普遍参加过阅读活动，超过 80% 的小学生有参与；从参加阅读活动的途径来看，小学生较多参加"学校"举办的阅读活动，占比 54.2%；其次是"公共图书馆"举办的阅读活动，占比 35.0%；再次是"书店"，占比 29.1%；然而，也有 19.0% 的小学生从未参加阅读活动。（见表 5 – 18、图 5 – 18）

5.4.3　去学校图书馆的频率

调查发现，多数小学生过去一年去学校图书馆的频次为"1～5 次"，占比 31.2%，超过 60% 的小学生一年去学校图书馆不足 10 次。这说明小学生并不常去图书馆阅读或者借书。这可能是由于多方面的原因造成的，部分学校采用班级轮流或者年级准入等方式开放图书馆，这在一定程度上影响了小学生经常使用图书馆；此外，本次调查的 6 所学校中有 1 所 2016 年刚刚开放图书馆且只允许阅览，另有 1 所图书馆因旧馆存在安全隐患，正在兴建新馆，导致这些学校的学生 2016 年使用图书馆的频次都很低。这也在一定程度上反映了学校图书馆的使用率和服务仍有较大的提升空间。（见表 5－19、图 5－19）

表 5－19　2016 年小学生去学校图书馆的频率

频率	人数	百分比	有效百分比
0 次	136	9.8%	10.0%
1～5 次	426	30.8%	31.2%
6～10 次	272	19.7%	19.9%
11～20 次	148	10.7%	10.9%
20 次以上	213	15.4%	15.6%
去过，但不记得去了多少次	169	12.2%	12.4%
缺失	20	1.4%	—
合计	1384	100.0%	100.0%

图 5－19　2016 年小学生去学校图书馆的频率

5.4.4　去公共图书馆的频率

表 5－20 是小学生 2016 年去公共图书馆的基本情况：

表 5 - 20　2016 年小学生去公共图书馆的频率

频率	人数	百分比	有效百分比
0 次	199	14.4%	14.5%
1～5 次	426	30.8%	31.1%
6～10 次	210	15.2%	15.3%
11～20 次	138	10.0%	10.1%
20 次以上	236	17.1%	17.2%
去过，但不记得去了多少次	161	11.6%	11.8%
缺失	14	1.0%	—
合计	1384	100.0%	100.0%

图 5 - 20　2016 年小学生去公共图书馆的频率

从表 5 - 20 可见，小学生去公共图书馆的频率与去学校图书馆的频率相似，即多数小学生去过"1～5 次"，占比 31.1%，60.9% 的小学生去的频率不足 10 次。唯一不同的是，从未去过公共图书馆的小学生人数更多，而相应的去过"6～10"次的小学生人数更少，这意味着小学生去学校图书馆的次数相对多些。（见表 5 - 20、图 5 - 20）

5.5　小学生的阅读购买状况

5.5.1　家庭收入情况

表5－21反映了受访小学生家庭月收入情况：

表5－21　小学生家庭月收入情况

家庭收入	人数	百分比	有效百分比
无收入	18	1.3%	1.3%
很低（4000元以下）	212	15.3%	15.5%
比较低（4001元～1万元）	284	20.5%	20.8%
一般（1万元以上到2万元）	183	13.2%	13.4%
比较高（2万元以上到4万元）	98	7.1%	7.2%
很高（4万元以上）	57	4.1%	4.2%
不清楚	512	37.0%	37.5%
缺失	20	1.4%	—
合计	1384	100.0%	100.0%

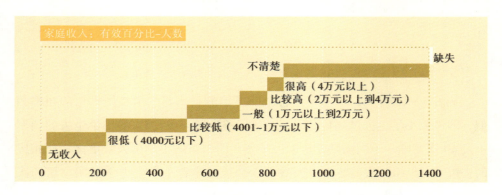

图5－21　小学生家庭月收入情况

从表5－21可知，37.5%的小学生不清楚自己的家庭收入情况，占多数；多数小学生选择了家庭收入"比较低（4001～1万元）"的选项；选择"很低（4000元以下）"的小学生有15.5%，少数（1.3%）小学生选择了"无收入"的选项。（见表5－21、图5－21）

5.5.2　家庭为小学生购买读物的支出

表 5 – 22　2016 年家庭为小学生购买读物的支出

阅读支出	人数	百分比	有效百分比
20 元以下	135	9.8%	9.8%
20～50 元	180	13.0%	13.1%
51～100 元	249	18.0%	18.1%
101～200 元	212	15.3%	15.4%
201～500 元	159	11.5%	11.6%
501～1000 元	111	8.0%	8.1%
1000 元以上	70	5.1%	5.1%
不清楚	260	18.8%	18.9%
缺失	8	0.6%	—
合计	1384	100.0%	100.0%

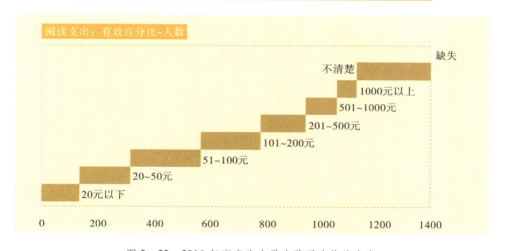

图 5 – 22　2016 年家庭为小学生购买读物的支出

从表 5 – 22 可知，选择"不清楚"的小学生最多（18.9%），说明许多小学生不清楚父母为自己买书的支出；其次是选择 51 元至 100 元区间的，占 18.1%；再次是选择 101～200 元与 20～50 元两个区间的，分别占 15.4% 和 13.1%，表明小学生家庭的阅读支出主要介于 20 元至 200 元的区间。（见表 5 – 22、图 5 – 22）

5.5.3　家庭藏书总量

表 5－23　小学生家庭藏书总量

藏书总量	家庭数	百分比	有效百分比
0 本	23	1.7%	1.7%
1～25 本	375	27.1%	27.4%
26～50 本	283	20.4%	20.7%
51～100 本	220	15.9%	16.1%
101～300 本	122	8.8%	8.9%
301～500 本	84	6.1%	6.1%
500 本以上	105	7.6%	7.7%
不清楚	158	11.4%	11.5%
缺失	14	1.0%	—
合计	1384	100.0%	100.0%

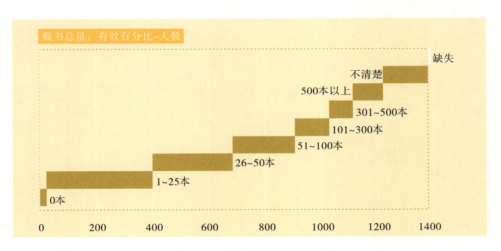

图 5－23　小学生家庭藏书总量

从表 5－23 可知，小学生家庭藏书总量主要集中在"1～25 本""26～50 本""51～100 本"三个区间，分别占有效人数的 27.4%、20.7%、16.1%，总体上家庭藏书总量不多，但这可能与小学生不是特别清楚家庭藏书实际情况有关。（见表 5－23、图 5－23）

5.5.4　个人课外书拥有量

调查发现，小学生个人课外书拥有量与家庭藏书总量的情况近似，都主要集中在"1～25 本""26～50 本""51～100 本"，其中选择"1～25 本"的人数最多，占有效人数的 39.4%，极少（1.2%）小学生没有课外书，超过 60% 的小学生个人课外书拥有量在 50 本以内。（见表 5－24、图 5－24）

表 5－24　小学生个人课外书拥有量

课外书拥有量	人数	百分比	有效百分比
0 本	17	1.2%	1.2%
1～25 本	542	39.2%	39.4%
26～50 本	309	22.3%	22.5%
51～100 本	187	13.5%	13.6%
101～300 本	91	6.6%	6.6%
301～500 本	49	3.5%	3.6%
500 本以上	55	4.0%	4.0%
不清楚	125	9.0%	9.1%
缺失	9	0.7%	——
合计	1384	100.0%	100.0%

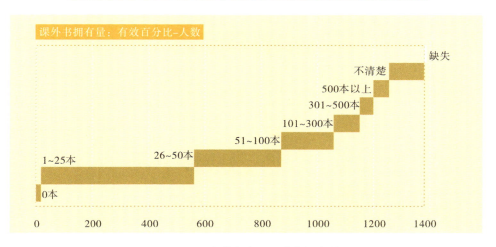

图 5－24　小学生个人课外书拥有量

5.6　小学生的数字阅读

5.6.1　上网时间

　　从调查结果来看，一方面，超过半数的小学生每天平均上网时间在半小时以内，其中选择"15 分钟以内"和"15 ～ 30 分钟"的小学生分别占比 28.6% 和 24.2%，占多数；另一方面，有 30.8% 的小学生每天平均上网时间超过半小时，但是超过 1 小时的小学生不多。此外，有 16.5% 的小学生从不上网。（见表 5 - 25、图 5 - 25）

表 5 - 25　小学生平均每天上网时间

上网时间	人数	百分比	有效百分比
不上网	225	16.3%	16.5%
15 分钟以内	391	28.3%	28.6%
15 ～ 30 分钟	330	23.8%	24.2%
0.5 ～ 1 小时	192	13.9%	14.1%
1 ～ 2 小时	151	10.9%	11.1%
2 小时以上	77	5.6%	5.6%
缺失	18	1.3%	—
合计	1384	100.0%	100.0%

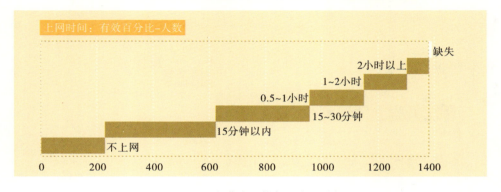

图 5 - 25　小学生平均每天上网时间

5.6.2 上网行为

表5−26 小学生上网行为

上网行为	人数	百分比	个案百分比
打网络游戏	389	10.3%	28.2%
网上聊天/交友	279	7.4%	20.2%
看动画片/电影	554	14.7%	40.1%
看书/漫画	380	10.1%	27.5%
网上学习	502	13.3%	36.4%
听歌	534	14.1%	38.7%
听故事	217	5.7%	15.7%
搜索信息	400	10.6%	29.0%
看新闻	245	6.5%	17.8%
刷朋友圈/刷微博	97	2.6%	7.0%
其他	23	0.6%	1.7%
从不上网	159	4.2%	11.5%
合计	3779	100.0%	273.8%
未填	4	—	—

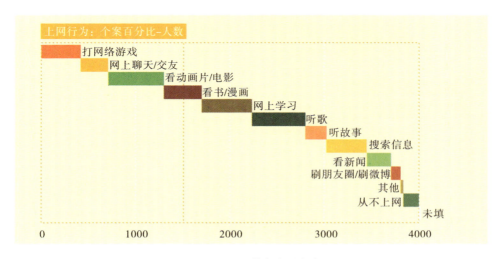

图5−26 小学生上网行为

159

关于上网行为，平均每个小学生选择了 2.7 个答案。其中，"看动画片/电影""听歌""网上学习"是目前小学生上网最主要的行为，选择人数分别占比40.1%、38.7%、36.4%；有 28.2% 和 27.5% 的小学生选择上网"打网络游戏"和"看书/漫画"；此外，有 11.5% 的小学生从不上网。（见表 5–26、图 5–26）

5.6.3　上网工具

在小学生平时上网所使用的工具当中，"手机"和"电脑"是小学生最常用的上网工具，66.8% 的小学生选择使用"手机"上网、54.7% 的小学生选择使用"电脑"上网，手机超过电脑成为小学生上网最主要的工具，有许多小学生同时使用这两种工具。（见表 5–27、图 5–27）

表 5–27　小学生上网工具

上网工具	人数	百分比	个案百分比
电脑	754	33.0%	54.7%
手机	921	40.3%	66.8%
iPad 等平板电脑	375	16.4%	27.2%
电子书阅读器	68	3.0%	4.9%
其他	15	0.7%	1.1%
从不上网	154	6.7%	11.2%
合计	2287	100.0%	166.0%
未填	6	—	—

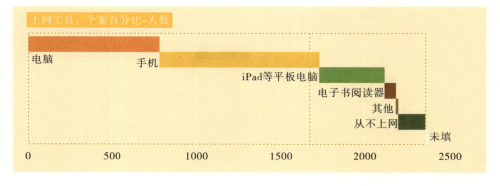

图 5–27　小学生上网工具

5.6.4　数字阅读时间

从调查结果来看，大部分的小学生（占 81.8%）进行数字阅读。其中，53.4% 的小学生平均每天进行数字阅读的时间在半小时以内，而阅读时间超过 1 个小时的小学生较少，仅占 16.1%。与此同时，有 18.2% 的小学生基本不进行数字阅读，这个比例高于从不上网的比例（11.5%），这说明部分小学生上网但不进行数字阅读。总体来看，小学生普遍进行数字阅读，但是数字阅读的时间较短。与其纸本阅读时长比较，小学生数字阅读的时间明显少于阅读纸本书的时长，这在一定程度上说明小学生平常更多地进行纸质阅读。（见表 5–28、图 5–28）

表 5–28　小学生平均每天数字阅读时间

数字阅读时间	人数	百分比	有效百分比
基本不看	248	17.9%	18.2%
15 分钟以内	348	25.1%	25.6%
15～30 分钟	378	27.3%	27.8%
0.5～1 小时	167	12.1%	12.3%
1～2 小时	131	9.5%	9.6%
2 小时以上	88	6.4%	6.5%
缺失	24	1.7%	—
合计	1384	100.0%	100.0%

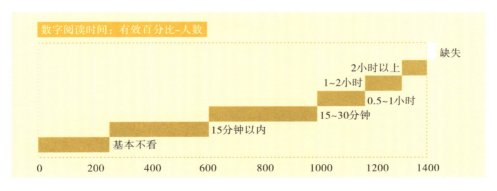

图 5–28　小学生平均每天数字阅读时间

5.6.5 阅读载体的倾向

关于小学生数字阅读和纸质阅读的倾向，69.7% 的小学生倾向于阅读纸本读物，仅有 15.0% 的小学生倾向于"用手机、电脑、iPad 等看"。这说明大部分的小学生倾向于选择纸质阅读，但不可忽视的是，部分小学生表达了对数字阅读的偏好。（见表 5 - 29、图 5 - 29）

表 5 - 29　小学生阅读载体的倾向

阅读载体的倾向	人数	百分比	有效百分比
看纸本的图书、杂志、报纸	948	68.5%	69.7%
用手机、电脑、iPad 等看	204	14.7%	15.0%
两者差不多	159	11.5%	11.7%
都不喜欢	49	3.5%	3.6%
缺失	24	1.7%	—
合计	1384	100.0%	100.0%

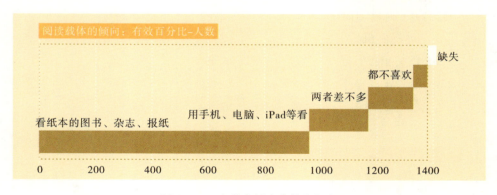

图 5 - 29　小学生阅读载体的倾向

5.6.6 选择纸质阅读的原因

在小学生选择纸质阅读的原因当中，"习惯这种阅读方式""保护眼睛""可以收藏"是小学生选择纸质阅读最主要的原因，分别占比 59.6%、47.4%、37.7%，将近 6 成的小学生选择"习惯这种阅读方式"，由此可见，

目前来说，纸质阅读这一传统的阅读方式依然是小学生所习惯的阅读方式。（见表5－30、图5－30）

表5－30　小学生选择纸质阅读的原因

选择原因	人数	百分比	个案百分比
习惯这种阅读方式	815	32.6%	59.6%
方便在上面涂写	150	6.0%	11.0%
可以收藏	516	20.7%	37.7%
没有电脑、手机等	56	2.2%	4.1%
家长平时不让用电脑、手机	142	5.7%	10.4%
家长只给我买纸质书	136	5.4%	9.9%
保护眼睛	649	26.0%	47.4%
其他	34	1.4%	2.5%
合计	2498	100.0%	182.6%
未填	16	—	—

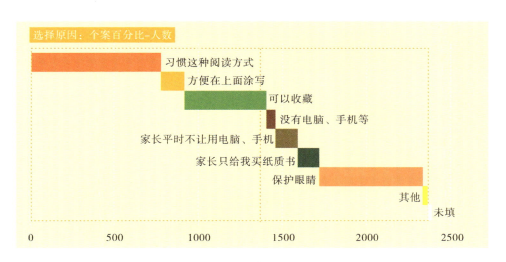

图5－30　小学生选择纸质阅读的原因

5.6.7　选择数字阅读的原因

在小学生选择数字阅读的原因当中，除了"其他"选项之外，其余选项

163

选择人数的个案比例都超过了 15%，这说明不同的小学生选择数字阅读的原因各有不同。相对而言，"容易找到想读的内容"和"容易获取"是更多小学生选择数字阅读的原因。（见表 5 - 31、图 5 - 31）

表 5 - 31　小学生选择数字阅读的原因

选择原因	人数	百分比	个案百分比
习惯这种阅读方式	288	10.5%	21.4%
可以互动	206	7.5%	15.3%
有声音图像等，更好玩	284	10.4%	21.1%
容易获取	409	14.9%	30.3%
容易找到想读的内容	421	15.4%	31.2%
带着方便	203	7.4%	15.1%
方便分享给小伙伴	308	11.3%	22.8%
不用父母掏钱	277	10.1%	20.5%
其他	27	1.0%	2.0%
没用过这些	313	11.4%	23.2%
合计	2736	100.0%	203.0%
未填	36	—	—

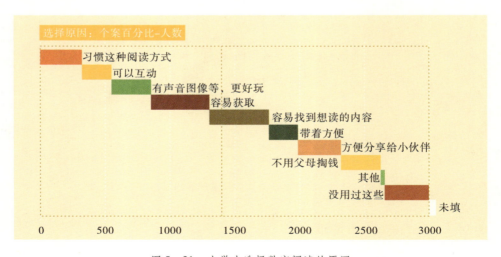

图 5 - 31　小学生选择数字阅读的原因

5.7 对小学生阅读的影响

项目组对影响小学生阅读的人进行了调查，主要包括父母和老师等群体。

5.7.1 阅读影响最大的人

根据"对你阅读影响最大的人"的调查结果，最多的小学生选择的是父母/家人，所占比例高达 33.0%。其次是"没有受到他人影响"，占比 29.4%。相比较而言，认为"老师"是对自己阅读影响最大的人的小学生数量并不多，仅占 15.5%，可见将近 3 成的小学生认为自己的阅读"没有受到他人影响"，而父母/家人是对自己阅读影响最大的人，老师在这方面的影响相对较弱。（见表 5－32、图 5－32）

表 5－32　对小学生阅读影响最大的人

影响最大的人	人数	百分比	有效百分比
父母/家人	423	30.6%	33.0%
老师	198	14.3%	15.5%
同学/朋友	189	13.7%	14.8%
偶像/明星	51	3.7%	4.0%
邻居	30	2.2%	2.3%
没有受到他人影响	377	27.2%	29.4%
其他	13	0.9%	1.0%
缺失	103	7.4%	—
合计	1384	100.0%	100.0%

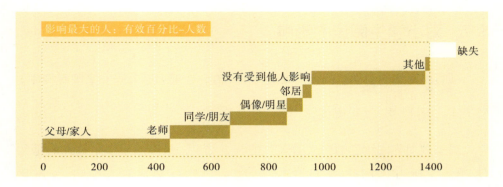

图 5 - 32　对小学生阅读影响最大的人

5.7.2　父母阅读习惯

表 5 - 33　小学生父母的阅读习惯

阅读习惯	人数	百分比	有效百分比
经常阅读	353	25.5%	25.8%
有时阅读	480	34.7%	35.0%
偶尔阅读	304	22.0%	22.2%
从来不阅读	114	8.2%	8.3%
不清楚	119	8.6%	8.7%
缺失	14	1.0%	—
合计	1384	100.0%	100.0%

　　调查结果显示，大部分小学生的父母进行阅读，仅有 8.3% 的父母从来不阅读；35.0% 的小学生父母"有时阅读"，占多数；25.8% 小学生父母"经常阅读"，仅次于选择"有时阅读"。调查结果反映了在孩子的眼里父母有阅读习惯，时常进行阅读。（见表 5 - 33、图 5 - 33）

　　对小学生父母阅读习惯与 2016 年本人课外书阅读量进行比较，发现父母"经常阅读"的小学生中有更多人的阅读量在"50 本以上"，比例高达 32.1%；父母"从来不看"的小学生中有更多人的阅读量少于 10 本，这反映

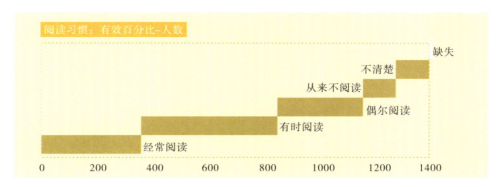

图 5 - 33 小学生父母的阅读习惯

了父母阅读习惯对小学生的阅读量有明显影响，总体而言，父母的阅读习惯越好，小学生的阅读习惯相应也会越好。（见表 5 - 34、图 5 - 34）

表 5 - 34 小学生父母阅读习惯与 2016 年本人课外书阅读量的比较

本人阅读量	父母阅读习惯											
	经常看		有时看看		偶尔看看		从来不看		不清楚		合计	
	人数	百分比	人数	百分比	人数	百分比	人数	百分比	人数	百分比	人数	百分比
0 本	2	0.6%	7	1.5%	8	2.7%	6	5.4%	8	6.9%	31	2.3%
1～10 本	70	20.1%	156	32.8%	77	25.7%	48	43.2%	39	33.6%	390	28.8%
11～20 本	72	20.6%	98	20.6%	63	21.0%	17	15.3%	28	24.1%	278	20.6%
21～30 本	41	11.7%	81	17.0%	42	14.0%	6	5.4%	13	11.2%	183	13.5%
31～40 本	28	8.0%	30	6.3%	23	7.7%	8	7.2%	6	5.2%	95	7.0%
41～50 本	24	6.9%	34	7.1%	24	8.0%	5	4.5%	5	4.3%	92	6.8%
50 本以上	112	32.1%	70	14.7%	63	21.0%	21	18.9%	17	14.7%	283	20.9%
合计	349	100.0%	476	100.0%	300	100.0%	111	100.0%	116	100.0%	1352	100.0%

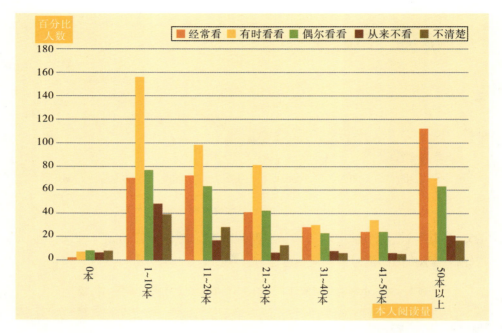

图 5 – 34　小学生父母阅读习惯与 2016 年本人课外书阅读量的比较

5.7.3　父母对待小学生课外阅读的态度

关于父母对待小学生课外阅读的态度，68.7% 的父母"非常赞成"孩子开展课外阅读，20.1% 的父母"比较赞成"孩子开展课外阅读，只有极低比例（2.3%）的父母反对小学生开展课外阅读，大部分的小学生认为父母赞成并鼓励自己开展课外阅读。（见表 5 – 35、图 5 – 35）

表 5 – 35　父母对待小学生课外阅读的态度

父母的态度	人数	百分比	有效百分比
非常赞成	934	67.5%	68.7%
比较赞成	274	19.8%	20.1%
一般	121	8.7%	8.9%
比较反对	24	1.7%	1.8%
非常反对	7	0.5%	0.5%
缺失	24	1.7%	——
合计	1384	100.0%	100.0%

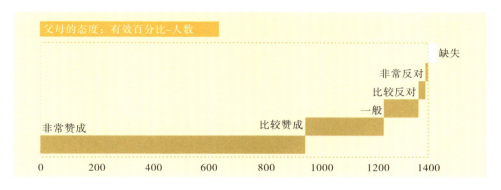

图 5 - 35　父母对待小学生课外阅读的态度

5.7.4　老师对待小学生课外阅读的态度

从调查结果来看，与父母的态度一致，大部分的老师支持小学生开展课外阅读。其中，68.0% 的老师持"非常赞成"态度，23.0% 的老师持"比较赞成"态度，只有 1.8% 的老师反对小学生开展课外阅读。（见表 5 - 36、图 5 - 36）

表 5 - 36　老师对待小学生课外阅读的态度

老师对待阅读的态度	人数	百分比	有效百分比
非常赞成	924	66.8%	68.0%
比较赞成	313	22.6%	23.0%
一般	97	7.0%	7.1%
比较反对	19	1.4%	1.4%
非常反对	6	0.4%	0.4%
缺失	25	1.8%	—
合计	1384	100.0%	100.0%

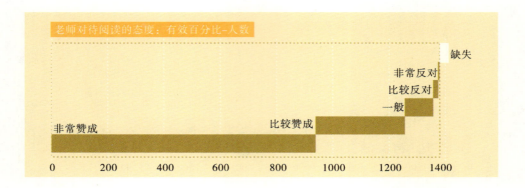

图 5 – 36　老师对待小学生课外阅读的态度

第6章 广州市学龄前儿童阅读调查研究报告

6.1 学龄前儿童调查样本的基本情况

6.1.1 受访学龄前儿童的基本情况

学龄前儿童（4～6岁）调查样本覆盖广州市四大区域（包括老城区、新城区、周边区和县级区），共回收360份，其中无效问卷4份，问卷有效率达98.89%。表6－1所示即为调研样本在四大区域的分布情况。

表6－1 受访学龄前儿童居住地区

地区		人数	百分比
老城区	越秀区	33	9.3%
	海珠区	78	21.9%
新城区	天河区	108	30.3%
	白云区	16	4.5%
周边区	番禺区	42	11.8%
县级区	增城区	79	22.2%
合计		356	100.0%

表6－2为调查样本的家庭、性别、年龄、入学情况等基本信息。

表 6 - 2　受访学龄前儿童的基本情况

基本情况		人数	百分比	有效百分比
所在家庭孩子总数	1 个	185	52.0%	53.2%
	2 个	151	42.4%	43.4%
	3 个	8	2.2%	2.3%
	4 个	3	0.8%	0.9%
	5 个	1	0.3%	0.3%
	缺失	8	2.2%	—
	合计	356	100.0%	100.0%
所在家庭幼儿园学生人数	1 个	253	71.1%	73.5%
	2 个	85	23.9%	24.7%
	3 个	4	1.1%	1.2%
	4 个	1	0.3%	0.3%
	5 个	1	0.3%	0.3%
	缺失	12	3.4%	—
	合计	356	100.0%	100.0%
性别	男	172	48.3%	48.6%
	女	182	51.1%	51.4%
	缺失	2	0.6%	—
	合计	356	100.0%	100.0%
年龄	4 岁	156	43.8%	43.8%
	5 岁	114	32.0%	32.0%
	6 岁	86	24.2%	24.2%
	合计	356	100.0%	100.0%
就读情况	未去任何教育机构	1	0.3%	0.3%
	上早教	2	0.6%	0.6%
	幼儿园小小班	3	0.8%	0.9%
	幼儿园小班	92	25.8%	26.5%
	幼儿园中班	116	32.6%	33.4%
	幼儿园大班	133	37.4%	38.3%
	缺失	9	2.5%	—
	合计	356	100.0%	100.0%

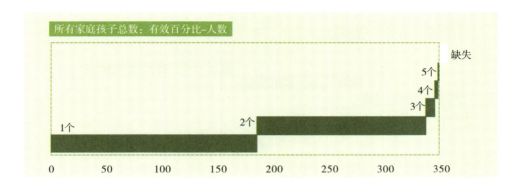

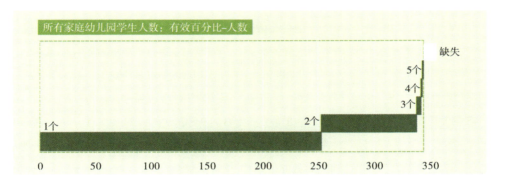

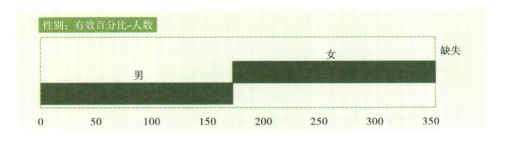

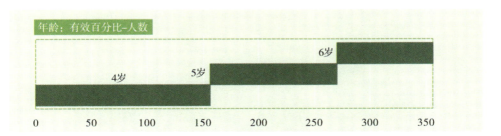

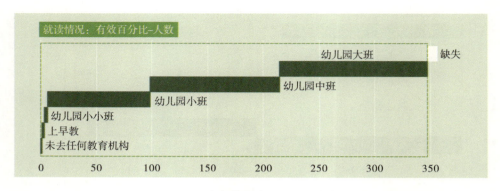

图 6 – 1　受访学龄前儿童的基本情况

从表 6 – 2 可知，本次受访的学龄前儿童的男女比例大致相等，女孩稍多，符合抽样要求；从所在家庭的孩子数量来看，调查对象是独生子或两个孩子的家庭的数量较多，占样本的 96.6%；其中每个家庭的幼儿园学生数量主要集中在 1 个，占调查样本的 73.5%；从年龄上看，受访儿童年龄为 4 岁（43.8%）的人数较多，其次是 5 岁（32.0%）和 6 岁（24.2%）；从其就读情况来看，未去过任何教育机构、上早教或读幼儿园小小班的儿童极少，加起来不超过样本的 2%，而就读幼儿园中班和大班的人数占比超过 70%。（见图 6 –1）

6.1.2　学龄前儿童家长的基本情况

受访家长的性别如表 6 –3 所示：

表 6 – 3　受访学龄前儿童家长的性别情况

性别	人数	百分比	有效百分比
男	105	29.5%	29.7%
女	249	69.9%	70.3%
缺失	2	0.6%	—
合计	356	100.0%	100.0%

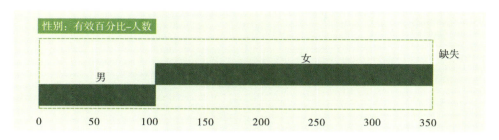

图 6-2 受访学龄前儿童家长的性别情况

从表 6-3 可以看出，在受访家长当中，约三分之二是孩子的母亲。（见表 6-3、图 6-2）学龄前儿童家长的受教育程度如表 6-4 所示：

表 6-4 受访学龄前儿童家长的受教育程度

受教育程度	受访家长		配偶	
	人数	百分比	人数	百分比
小学及以下	9	2.5%	8	2.2%
初中	42	11.8%	45	12.6%
中专或高中	45	12.6%	70	19.7%
大专	76	21.3%	63	17.7%
本科	140	39.3%	127	35.7%
硕士研究生	37	10.4%	29	8.1%
博士研究生	6	1.7%	9	2.5%
缺失	1	0.3%	5	1.4%
合计	356	100.0%	356	100.0%

整体而言，本次受访学龄前儿童家长的受教育程度相近，没有非常显著的差别，都呈现近似的比例；从学历上来看，父母受教育程度为本科学历的最多，两者相加起来平均大致占样本的 38%。而小学及以下的低学历家长和博士学历的高学历家长数量都非常少，两者加起来不足样本的 5%，其中最为集中在大专和本科这一层次。（见表 6-4、图 6-3）

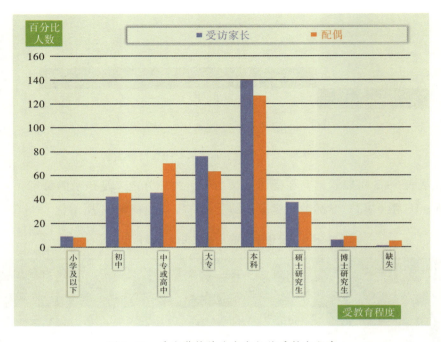

图 6 – 3　受访学龄前儿童家长的受教育程度

6.2　学龄前儿童的阅读态度

6.2.1　儿童对阅读的喜爱程度

表 6 – 5　学龄前儿童对阅读的喜爱程度

喜爱程度	人数	百分比	有效百分比
非常喜欢	145	40.7%	40.8%
比较喜欢	157	44.1%	44.2%
一般	43	12.1%	12.1%
不太喜欢	10	2.8%	2.8%
很不喜欢	0	0.0%	0.0%
缺失	1	0.3%	—
合计	356	100.0%	100.0%

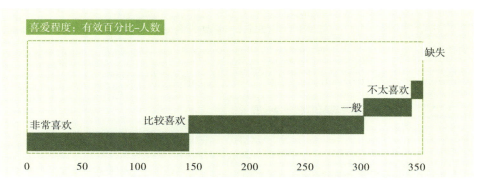

图 6-4 学龄前儿童对阅读的喜爱程度

从表 6-5 可知，40.8% 的儿童"非常喜欢"阅读，44.2% 的儿童"比较喜欢"阅读，即共有 85% 的儿童喜欢阅读；而"不太喜欢"阅读的儿童数量极少，仅占样本的 2.8%。（见表 6-5、图 6-4）

表 6-6 学龄前儿童的阅读主动性

阅读主动性	人数	百分比
经常要求	170	47.8%
有时要求	151	42.4%
一般	17	4.8%
很少要求	17	4.8%
从不要求	1	0.3%
合计	356	100.0%

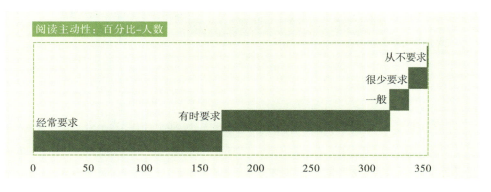

图 6-5 学龄前儿童的阅读主动性

关于学龄前儿童的阅读主动性，调查结果显示，"经常要求"读书或听故事的儿童数量最多，占总体的 47.8%，这说明有近一半的儿童对阅读有强烈的渴望；而"一般""很少要求""从不要求"读书或听故事的儿童不超过10%，说明有90%以上的儿童主动阅读。（见表6-6、图6-5）

6.2.2　家长对阅读的喜爱程度

表6-7　学龄前儿童家长对阅读的喜爱程度

喜爱程度	人数	百分比	有效百分比
非常喜欢	60	16.9%	16.9%
比较喜欢	175	49.2%	49.3%
一般	114	32.0%	32.1%
不太喜欢	5	1.4%	1.4%
很不喜欢	1	0.3%	0.3%
缺失	1	0.3%	—
合计	356	100.0%	100.0%

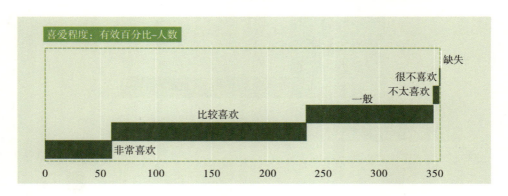

图6-6　学龄前儿童家长对阅读的喜爱程度

关于学龄前儿童家长对阅读的喜爱程度，选择"非常喜欢"和"比较喜欢"阅读的家长高达65.2%，仅有1.7%的家长选择"不太喜欢"和"很不喜欢"阅读，说明大部分家长都喜欢阅读，对阅读持有较为积极的态度。（见表6-7、图6-6）

6.2.3　家长对阅读重要性的认知

表6-8　学龄前儿童家长对阅读重要性的认知

重要程度	人数	百分比	有效百分比
非常重要	236	66.3%	66.9%
比较重要	105	29.5%	29.7%
一般	12	3.4%	3.4%
不太重要	0	0.0%	0.0%
很不重要	0	0.0%	0.0%
缺失	3	0.8%	——
合计	356	100.0%	100.0%

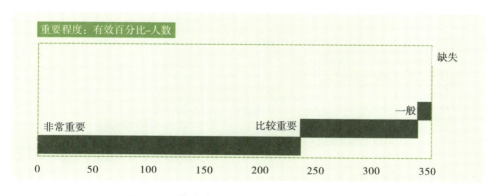

图6-7　学龄前儿童家长对阅读重要性的认知

由表6-8可见，66.9%的家长认为阅读"非常重要"，29.7%的家长认为阅读"比较重要"，即共有超过95%的家长认为阅读是重要的；仅有3.4%的家长选择"一般"，而没有家长选择"不太重要"和"很不重要"，大多数的家长充分认可阅读的价值和重要性。（见表6-8、图6-7）

6.3 学龄前儿童的阅读行为

6.3.1 阅读场所

表 6 - 9 学龄前儿童的阅读场所

阅读场所	人数	百分比	个案百分比
家里	337	42.1%	94.7%
幼儿园	268	33.5%	75.3%
交通工具（如私家车、地铁公交等）	11	1.4%	3.1%
图书馆	114	14.2%	32.0%
书店	51	6.4%	14.3%
早教机构	19	2.4%	5.3%
合计	800	100.0%	224.7%

图 6 - 8 学龄前儿童的阅读场所

从表 6 - 9 可知，学龄前儿童主要的阅读场所是家里、幼儿园和图书馆三处，这与学龄前儿童日常的主要生活场所一致，最多家长选择"家里"和"幼儿园"，分别占 94.7% 和 75.3%，这可能因为这一阶段的儿童除了在幼儿园之外，最主要的活动场所就是家里；此外，在"图书馆"进行阅读的儿童也较多，有 32.0% 的家长选择。（见表 6 - 9、图 6 - 8）

6.3.2　家长引导学龄前儿童阅读的目的

表 6 - 10　家长引导学龄前儿童阅读的目的

引导阅读的目的	人数	百分比	个案百分比
帮助认识各种事物	291	25.0%	82.0%
帮助识字，学数数	171	14.7%	48.2%
娱乐放松	180	15.5%	50.7%
培养孩子的阅读兴趣	275	23.7%	77.5%
开发智力，培养学习能力	231	19.9%	65.1%
其他	14	1.2%	3.9%
合计	1162	100.0%	327.3%
未填	1	—	—

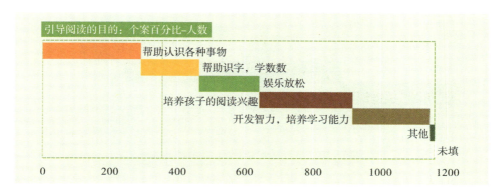

图 6 - 9　家长引导学龄前儿童阅读的目的

　　对于家长引导学龄前儿童阅读的目的，最多家长选择的两项分别是"帮助认识各种事物"以及"培养孩子的阅读兴趣"，分别占比 82.0% 和 77.5%，这说明家长引导儿童阅读的最主要目的就是希望能够帮助孩子认识世界和培养孩子的阅读兴趣，也说明家长普遍认为阅读对儿童是非常有益的。其次，选择"开发智力，培养学习能力"以及"帮助识字，学数数"两项的家长人数也较多，可以看出家长希望自己的孩子更好地通过阅读提高学习能力、开发智力。（见表 6 - 10、图 6 - 9）

6.3.3   阅读读物的挑选方式与获取渠道

表 6 – 11   学龄前儿童阅读读物的挑选方式

阅读书刊来源	人数	百分比	有效百分比
家长给孩子挑选	108	30.3%	31.1%
家长和孩子一起挑选	194	54.5%	55.9%
孩子自己挑选	40	11.2%	11.5%
其他	5	1.4%	1.4%
缺失	9	2.5%	—
合计	356	100.0%	100.0%

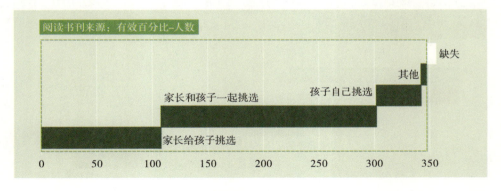

图 6 – 10   学龄前儿童阅读读物的挑选方式

学龄前儿童阅读读物的挑选方式主要是"家长和孩子一起挑选"以及"家长给孩子挑选"两种,共占样本的 87% 左右,而自己挑选书刊的仅占 11.5%,说明这个年龄的儿童大多是由家长和孩子共同参与挑选,反映出家长是学龄前儿童选择书刊最主要的影响者。(见表 6 – 11、图 6 – 10)

表 6 – 12   学龄前儿童家长获取读物的渠道

渠道	人数	百分比	个案百分比
购买(包括书店购买或网络购买)	313	34.1%	87.9%
家长、朋友之间互相借阅	77	8.4%	21.6%

续表

渠道	人数	百分比	个案百分比
图书馆	155	16.9%	43.5%
带孩子在书店看	100	10.9%	28.1%
早教机构	24	2.6%	6.7%
幼儿园发的	160	17.4%	44.9%
网上免费获取	35	3.8%	9.8%
别人送的	51	5.6%	14.3%
其他	3	0.3%	0.8%
合计	918	100.0%	257.9%

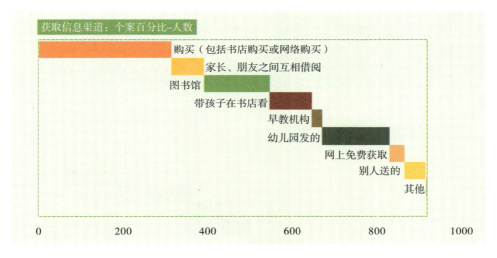

图 6 - 11　学龄前儿童家长获取读物的渠道

　　家长为学龄前儿童获取读物的最主要渠道是通过"购买（包括书店购买或网络购买）"，有 87.9% 的家长选择此项。此外，有将近半数的家长选择"图书馆"以及"幼儿园发的"，说明图书馆和幼儿园在支持儿童阅读方面都有着较为重要的意义；而选择"家长、朋友之间互相借阅"以及"别人送的"选项的家长都不算多，说明家长之间的社交对获取读物意义不大。另外，从总体来看，平均每个家长选择了约 2.6 个答案，表明整体上学龄前儿童获取阅读读物的渠道较为丰富。（见表 6 - 12、图 6 - 11）

6.3.4 阅读量

表 6-13 2016 年学龄前儿童的阅读量

阅读量	人数	百分比	有效百分比
0 本	1	0.3%	0.3%
1～5 本	82	23.0%	23.2%
6～10 本	69	19.4%	19.5%
11～15 本	35	9.8%	9.9%
16～20 本	25	7.0%	7.1%
21～30 本	27	7.6%	7.6%
30 本以上	66	18.5%	18.6%
读了一些，记不清具体数目	49	13.8%	13.8%
缺失	2	0.6%	—
合计	356	100.0%	100.0%

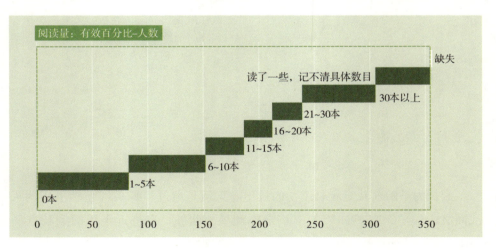

图 6-12 2016 年学龄前儿童的阅读量

从表 6-13 可知，一方面，学龄前儿童的阅读率相当高，调研样本中仅有 1 名儿童未曾进行过阅读，99.7% 的学龄前儿童都有阅读；另一方面，阅读量偏少，年阅读量超过 30 本的儿童仅占 18.6%，超过半数的儿童每年的阅读量在 15 本以内；整体而言，这一阶段儿童每年阅读量的差异较大，相对集中在"1～5 本""6～10 本""30 本以上"三个区间，分别占 23.2%、19.5%、18.6%。（见表 6 – 13、图 6 – 12）

表 6 – 14　2016 年学龄前各年龄段儿童的阅读量

阅读量 ＼ 年龄	4 岁		5 岁		6 岁		合计
	人数	百分比	人数	百分比	人数	百分比	人数
0 本	0	0.0%	0	0.0%	1	1.2%	1
1～5 本	34	21.9%	27	23.7%	21	24.7%	82
6～10 本	38	24.5%	19	16.7%	12	14.1%	69
11～15 本	16	10.3%	7	6.1%	12	14.1%	35
16～20 本	9	5.8%	10	8.8%	6	7.1%	25
21～30 本	12	7.7%	9	7.9%	6	7.1%	27
30 本以上	27	17.4%	24	21.1%	15	17.6%	66
读了一些，记不清数目	19	12.3%	18	15.8%	12	14.1%	49
合计	155	100.0%	114	100.0%	85	100.0%	354

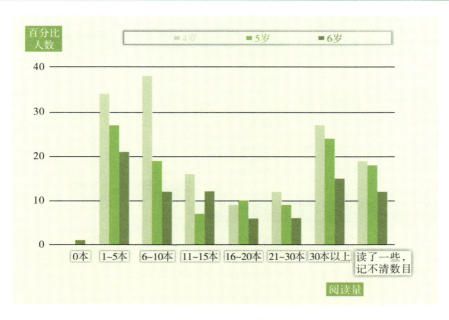

图 6 – 13　2016 年学龄前各年龄段儿童的阅读量

对各年龄段儿童的阅读量进行分析，可发现学龄前儿童阅读呈现以下特点：整体而言，学龄前儿童的阅读量随着年龄的增长而略有增加，4 岁儿童阅读 10 本以下的人数相对最多，占 46.4%，这说明年纪小的儿童阅读量相对较少，这可能因为他们自身的识字能力和独立阅读的能力相对薄弱；而阅读量在 10 本以下的五六岁儿童比例逐渐降低，阅读 30 本以上的五六岁儿童比例都比 4 岁儿童略有增长，但差异并不明显。（见表 6 – 14、图 6 – 13）

6.3.5 阅读时长

与阅读量一样，阅读时长也是反映阅读状况的基础指标之一。

表 6 – 15　学龄前儿童平均每天的阅读时长

阅读时长	人数	百分比	有效百分比
半小时以内	222	62.4%	62.9%
0.5～1 小时	110	30.9%	31.2%
1～2 小时	17	4.8%	4.8%
2 小时以上	4	1.1%	1.1%
缺失	3	0.8%	—
合计	356	100.0%	100.0%

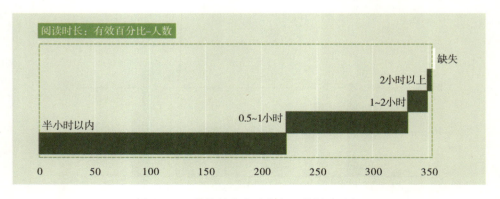

图 6 – 14　学龄前儿童平均每天的阅读时长

从阅读时长上看，选择"半小时以内"的人数最多，占有效人数的 62.9%，而 94.1% 的儿童的阅读时长都在一个小时之内。阅读时长在 1 小时以上的人数较少，不超过有效人数的 6% 。这说明大部分儿童每天平均阅读时长都不会超过 1 个小时。（见表 6 – 15、图 6 – 14）

表 6 – 16　学龄前各年龄段儿童平均每天的阅读时长

年龄 阅读时长	4 岁		5 岁		6 岁		合计
	人数	百分比	人数	百分比	人数	百分比	人数
半小时以内	94	61.0%	75	66.4%	53	61.6%	222
0.5～1 小时	50	32.5%	33	29.2%	27	31.4%	110
1～2 小时	8	5.2%	4	3.5%	5	5.8%	17
2 小时以上	2	1.3%	1	0.9%	1	1.2%	4
合计	154	100.0%	113	100.0%	86	100.0%	353

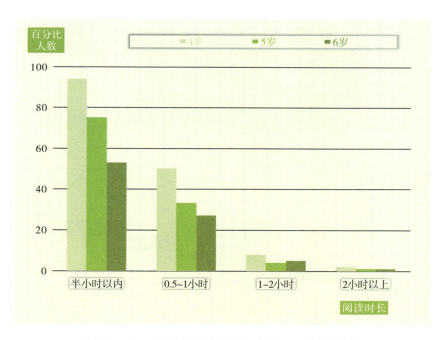

图 6 – 15　学龄前各年龄段儿童平均每天的阅读时长

从学龄前各年龄段儿童平均每天的阅读时长来看，4 岁至 6 岁年龄段的儿童的阅读时长差别不大，未显示年龄增加与阅读时长变化的明显规律。其中，阅读时长在半小时之内的比例最高，4 岁至 6 岁儿童分别占 61.0% 、66.4% 和

61.6%；阅读时长在 2 小时以上的比例最低，4 岁至 6 岁儿童分别占 1.3%、0.9% 和 1.2%。整体而言，这三个年龄段差异不明显，说明学龄前儿童的阅读时长处于比较稳定的水平。（见表 6 – 16、图 6 – 15）

6.3.6 接触阅读的年龄

为了了解学龄前儿童接触阅读的状况，项目组从学龄前儿童接触阅读的年龄进行了调查。

表 6 – 17　学龄前儿童接触阅读的年龄

年龄	人数	百分比	有效百分比
0～6 个月	51	14.3%	14.5%
6～12 个月	85	23.9%	24.1%
12～24 个月	93	26.1%	26.4%
24～36 个月	52	14.6%	14.8%
36 个月以后	63	17.7%	17.9%
从未接触过阅读	8	2.2%	2.3%
缺失	4	1.1%	—
合计	356	100.0%	100.0%

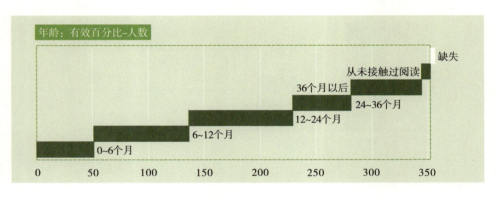

图 6 – 16　学龄前儿童接触阅读的年龄

从表 6 – 17 可以看出，大部分受访学龄前儿童较早接触阅读，在"6～12 个月"（24.1%）以及"12～24 个月"（26.4%）之间接触阅读的儿童最多，占比超过 50%，说明大部分学龄前儿童都是在 6 个月到 2 岁之间开始接触阅

读（阅读方式包括家长读书、讲故事等）。极少数（2.3%）儿童尚未接触阅读。（见表6-17、图6-16）

6.3.7　未接触阅读的原因

表6-18　学龄前儿童未接触阅读的原因（样本=8）

主要原因	人数	百分比	有效百分比
孩子太小还不会读书	3	37.5%	42.9%
孩子不喜欢看书	3	37.5%	42.9%
没有闲钱给孩子买课外书	1	12.5%	14.3%
缺失	1	12.5%	—
合计	8	100%	100%

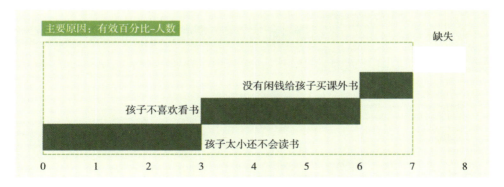

图6-17　学龄前儿童未接触阅读的原因（样本=8）

对上述"从未接触过阅读"的8位儿童家长进行调查，发现这些孩子未接触阅读的原因有三个：家长认为"孩子太小还不会读书"（42.9%）以及"孩子不喜欢看书"（42.9%），还有1位家长选择"没有闲钱给孩子买课外书"。值得关注的是，在这些"从未接触过阅读"的儿童当中，选择"孩子太小还不会读书"的家长孩子的年龄都是6岁，这可能与家长对阅读的认知有关。（见表6-18、图6-17）

6.3.8 阅读读物的主题偏好

表 6 – 19　家长为学龄前儿童选择读物的主题偏好

主题偏好	人数	百分比	个案百分比
图画卡片、挂图	160	11.2%	45.2%
童话寓言故事	202	14.1%	57.1%
识字数数类	133	9.3%	37.6%
卡通漫画	118	8.3%	33.3%
诗歌童谣	76	5.3%	21.5%
科学知识，常识类	137	9.6%	38.7%
绘画故事（图文并重）	222	15.5%	62.7%
绘本（图画为主）	194	13.6%	54.8%
益智游戏	113	7.9%	31.9%
立体书、布艺书、玩具书	65	4.5%	18.4%
其他	10	0.7%	2.8%
合计	1430	100.0%	404.0%
未填	2	—	—

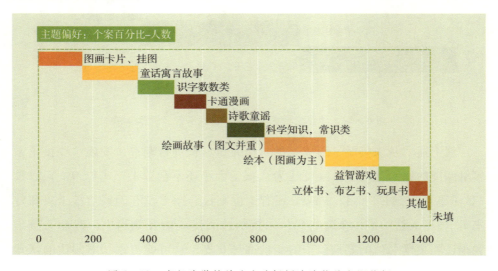

图 6 – 18　家长为学龄前儿童选择阅读读物的主题偏好

从主题偏好来看，整体上，家长为学龄前儿童选择的阅读读物涉及主题广泛，平均每个人选择超过 4 个答案。除"其他"这一选项之外，其他 10 类主题都有超过 18% 家长选择。其中，"绘画故事（图文并重）"（62.7%）、"绘本（图画为主）"（54.8%）、"图画卡片、挂图"（45.2%）这类以图片为主的读物较受家长青睐，同时"童话寓言故事"也有高达 57.1% 的选择率。（见表 6-19、图 6-18）这个年龄段儿童对阅读读物的主题偏好情况如表 6-20 所示：

表 6-20　学龄前儿童阅读读物的主题偏好

主题偏好	人数	百分比	个案百分比
图画卡片、挂图	146	11.8%	41.1%
童话寓言故事	151	12.2%	42.5%
识字数数类	91	7.3%	25.6%
卡通漫画	148	11.9%	41.7%
诗歌童谣	57	4.6%	16.1%
科学知识，常识类	88	7.1%	24.8%
绘画故事（图文并重）	192	15.5%	54.1%
绘本（图画为主）	184	14.9%	51.8%
益智游戏	103	8.3%	29.0%
立体书、布艺书、玩具书	77	6.2%	21.7%
其他	2	0.2%	0.6%
合计	1239	100.0%	349.0%
未填	1	—	—

从表 6-20 可知，学龄前儿童阅读读物的主题偏好与家长为其选择读物的主题偏好基本一致；其中，家长选择"识字数数类"以及"科学知识、常识类"的比例高于儿童本人，而儿童偏好"卡通漫画""立体书、布艺书、玩具书"的比例高于家长。（见表 6-20、图 6-19）

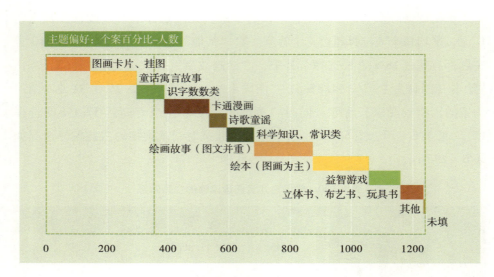

图 6 - 19   学龄前儿童阅读读物的主题偏好

6.3.9   阅读方式

表 6 - 21   学龄前儿童的阅读方式

阅读方式	人数	百分比	个案百分比
自己阅读	165	17.3%	46.3%
家长读给孩子听	247	25.8%	69.4%
家长陪孩子一起读	249	26.0%	69.9%
和小伙伴一起读	79	8.3%	22.2%
通过手机、电脑等实现多媒体阅读	150	15.7%	42.1%
参加图书馆、早教等机构的阅读活动	63	6.6%	17.7%
其他	3	0.3%	0.8%
合计	956	100.0%	268.5%

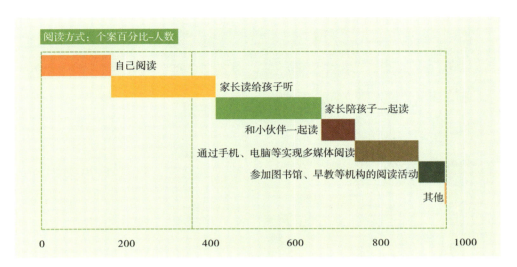

图 6 - 20   学龄前儿童的阅读方式

69.4％学龄前儿童的阅读方式是"家长读给孩子听"，69.9％的儿童喜欢"家长陪孩子一起读"，该年龄段儿童最喜欢上述两种阅读方式。而选择"自己阅读"的儿童则低于这个比例，占46.3％。此外，仅有22.2％的人选择"和小伙伴一起读"。这说明大部分这个年龄段儿童更喜欢亲子阅读。（见表6 - 21、图6 - 20）

对学龄前儿童各年龄段儿童的阅读方式进行分析，发现随着年龄的增长，选择亲子阅读方式（包括"家长读给孩子听"和"家长陪孩子一起读"）的比例逐渐降低，而"自己阅读"的选择比例则逐渐升高；此外，"和小伙伴一起读"的比例随着年龄的增长也逐渐上升，这表明年龄大的儿童比年龄小的儿童更加喜欢与同伴一起阅读。（见表6 - 22、图6 - 21）

表6 - 22   学龄前各年龄段儿童的阅读方式

年龄 阅读方式	4 岁		5 岁		6 岁		合计
	人数	个案百分比	人数	个案百分比	人数	个案百分比	人数
自己阅读	69	44.2%	52	45.6%	44	51.2%	165
家长读给孩子听	111	71.2%	87	76.3%	49	57.0%	247

续表

年龄 / 阅读方式	4 岁		5 岁		6 岁		合计
	人数	个案百分比	人数	个案百分比	人数	个案百分比	人数
家长陪孩子一起读	117	75.0%	75	65.8%	57	66.3%	249
和小伙伴一起阅读	24	15.4%	27	23.7%	28	32.6%	79
通过手机、电脑等实现多媒体阅读	67	42.9%	48	42.1%	35	40.7%	150
参加图书馆、早教等机构的阅读活动	33	21.2%	16	14.0%	14	16.3%	63
其他	1	0.6%	1	0.9%	1	1.2%	3
答题人数	156		114		86		356

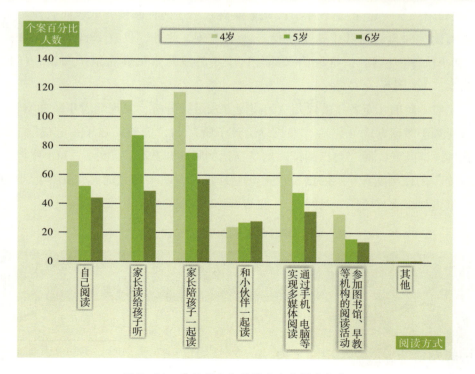

图 6-21　学龄前各年龄段儿童的阅读方式

6.4 学龄前儿童的阅读途径

6.4.1 参加阅读活动的途径

表6-23 学龄前儿童参加阅读活动的途径

途径	人数	百分比	个案百分比
幼儿园	221	39.9%	63.5%
公共图书馆	129	23.3%	37.1%
书店	62	11.2%	17.8%
早教机构	56	10.1%	16.1%
其他	9	1.6%	2.6%
从未参加	77	13.9%	22.1%
合计	554	100.0%	159.2%
未填	8	—	—

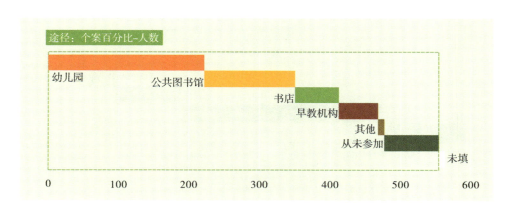

图6-22 学龄前儿童参加阅读活动的途径

从阅读活动参与情况来看，学龄前儿童普遍参加过阅读活动，将近8成的儿童有所参与；从参加阅读活动的途径来看，学龄前儿童较多参加"幼儿园"举办的阅读活动，占比63.5%；其次是"公共图书馆"举办的阅读活动，占比37.1%，表明公共图书馆举办的阅读推广活动受到了一定程度的关注；再次是"书店"，部分书店也会在幼儿园或是居民区附近举办书展、图书促销等活动。然而，也有 22.1% 的学龄前儿童从未参加阅读活动。（见表 6 – 23、图 6 – 22）

6.4.2　参加图书馆阅读活动的频率

表 6 – 24　学龄前儿童去图书馆参加阅读活动的频率

频率	人数	百分比	有效百分比
0 次	74	20.8%	20.9%
1～5 次	182	51.1%	51.4%
6～10 次	57	16.0%	16.1%
11～20 次	25	7.0%	7.1%
20 次以上	16	4.5%	4.5%
缺失	2	0.6%	—
合计	356	100.0%	100.0%

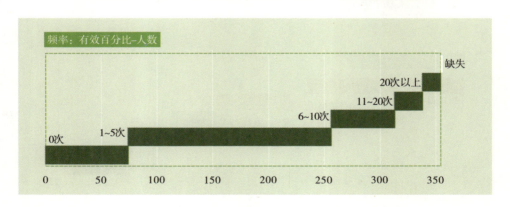

图 6 – 23　学龄前儿童去图书馆参与阅读活动的频率

从表 6 – 24 可知，接近八成的儿童曾去图书馆参加各种阅读活动，超过半数受访儿童在过去一年去图书馆参加阅读活动的次数集中在"1～5 次"，占比 51.4%。接近九成受访学龄前儿童去图书馆参加阅读活动不超过 10 次，参加"20 次以上"的仅占 4.5%，这说明受访儿童虽然普遍参加过图书馆的阅读活动，但大部分都没有定期或是经常参与。（见表 6 – 24、图 6 – 23）

6.5 学龄前儿童的阅读购买状况

6.5.1 家庭收入情况

表6-25 学龄前儿童家庭月收入情况

家庭收入	人数	百分比	有效百分比
无收入	2	0.6%	0.6%
4000 元以下	24	6.7%	6.8%
4001 元～1 万元	96	27.0%	27.4%
1 万元以上～2 万元	103	28.9%	29.3%
2 万元以上～4 万元	39	11.0%	11.1%
4 万元以上	29	8.1%	8.3%
不清楚	58	16.3%	16.5%
缺失	5	1.4%	——
合计	356	100.0%	100.0%

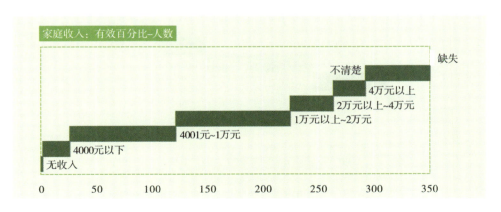

图6-24 学龄前儿童家庭月收入情况

从表6-25可知，最多家长选择"1万元以上～2万元"，占29.3%。其次是选择"4001元～1万元"的人，占27.4%。2万元以上家庭收入中的比例不到20%。（见表6-25、图6-24）

6.5.2　家庭为学龄前儿童购买读物的支出

表 6 – 26　2016 年家庭为学龄前儿童购买读物的支出

阅读支出	人数	百分比
20 元以下	6	1.7%
20 ~ 50 元	25	7.0%
51 ~ 100 元	33	9.3%
101 ~ 200 元	67	18.8%
201 ~ 500 元	96	27.0%
501 ~ 1000 元	47	13.2%
1000 元以上	19	5.3%
不清楚	63	17.7%
合计	356	100.0%

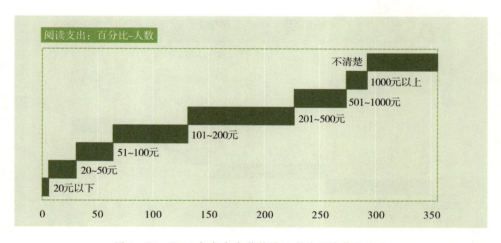

图 6 – 25　2016 年家庭为学龄前儿童购买读物的支出

关于 2016 年家庭购买读物的支出，最多家长选择"201 ~ 500 元"（27.0%），其次是"101 ~ 200 元"（18.8%），说明家长为孩子购买读物的支出主要集中在 100 元至 500 元之间，占样本的 45.8%。20 元以下以及 1000 元以上所占的比例都较小。（见表 6 – 26、图 6 – 25）

6.5.3 家庭为孩子购买读物的数量

2016年家庭为学龄前儿童购买书刊（包括纸质或数字书刊）的数量如表 6-27 所示：

表6-27 2016年家庭为学龄前儿童购买书刊的数量

购买读物的数量	人数	百分比
0 本	4	1.1%
1～25 本	156	43.8%
26～50 本	78	21.9%
51～100 本	48	13.5%
101～300 本	31	8.7%
301～500 本	7	2.0%
500 本以上	2	0.6%
不清楚	30	8.4%
合计	356	100.0%

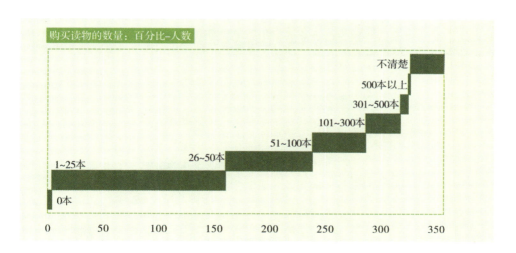

图6-26 2016年家庭为学龄前儿童购买书刊的数量

从表6-27中可以看出，最多家长选择"1～25 本"，占43.8%；其次是 "26～50 本"，占21.9%；这说明65%左右的广州市家庭在去年一年内为学龄前儿童购买的书刊数量在1～50 本之间。选择0 本以及300 本以上的比例较小。（见表6-27、图6-26）

6.6　学龄前儿童的数字阅读

6.6.1　选择阅读载体和阅读工具的倾向

表 6-28　家长为学龄前儿童选择阅读载体和阅读工具的倾向

家长选择的倾向	人数	百分比	个案百分比
纸质或布艺书刊	319	52.0%	89.6%
音像读物	118	19.2%	33.1%
手机	59	9.6%	16.6%
iPad 等平板电脑	57	9.3%	16.0%
电子阅读器（如 Kindle 等）	23	3.7%	6.5%
电脑（台式机或手提电脑）	35	5.7%	9.8%
其他	3	0.5%	0.8%
合计	614	100.0%	172.5%

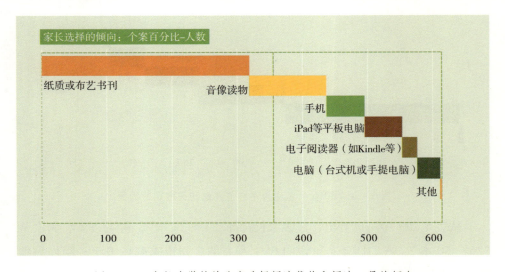

图 6-27　家长为学龄前儿童选择阅读载体和阅读工具的倾向

从表6-28可知，89.6%的家长为学龄前儿童选择"纸质或布艺书刊"；其次是选择"音像读物"的家长，占比33.1%；再次是手机和平板电脑，分别占16.6%、16.0%。这说明大部分家长倾向于为学龄前儿童选择纸质的阅读工具。（见表6-28、图6-27）

6.6.2 数字阅读方式

表6-29 学龄前儿童的数字阅读方式

数字阅读方式	人数	百分比	个案百分比
手机上的阅读/听故事软件（App）	203	42.2%	57.7%
微信公众号	59	12.3%	16.8%
电子书	27	5.6%	7.7%
专门的儿童阅读网站	80	16.6%	22.7%
其他	23	4.8%	6.5%
都没用过	89	18.5%	25.3%
合计	481	100.0%	136.6%
缺失	4	—	—

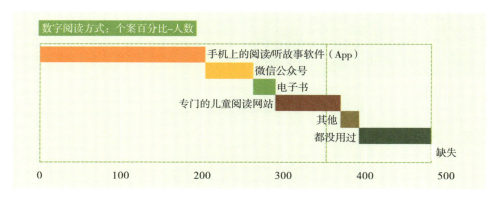

图6-28 学龄前儿童的数字阅读方式

如表6-29所示，学龄前儿童的数字阅读方式最主要的是"手机上的阅读/听故事软件（App）"，占57.7%，说明大部分儿童都利用手机或App软件进行数字阅读；其次是通过专门的儿童阅读网站，占 22.7%。此外，有超过四分之一的学龄前儿童没有进行数字阅读。（见表 6-29、图 6-28）

6.7 对学龄前儿童阅读的影响

6.7.1 不同机构对学龄前儿童阅读的影响程度

在本次调查中，项目组采用李克特 5 点评分量表，针对不同群体或机构对培养儿童阅读兴趣和阅读行为的影响程度进行了调查。调查结果如表 6-30 所示：

表 6-30 不同机构对学龄前儿童阅读的影响程度

影响主体	人数	极小值	极大值	均值	标准差
家长	349	1	5	4.85	0.504
幼儿园	342	1	5	4.74	0.578
早教机构、课外辅导机构（盈利性质）	333	1	5	3.37	1.246
图书馆	345	1	5	4.11	1.001
书店	335	1	5	3.68	1.164
相关公益组织与团体（非盈利性质）	328	1	5	3.55	1.245
其他	127	1	5	3.31	1.509

【说明】

［1］在李克特 5 点评分量表中，1 至 5 代表影响的重要程度的依次递增，1 代表非常不重要，5 代表非常重要。

［2］均值即是平均值，反映的是受访者的平均评分。

［3］标准差反映的是受访者评分相对于均值的离散程度，标准差大说明受访者的评分差异大，标准差小说明大部分受访者的评分比较接近均值。

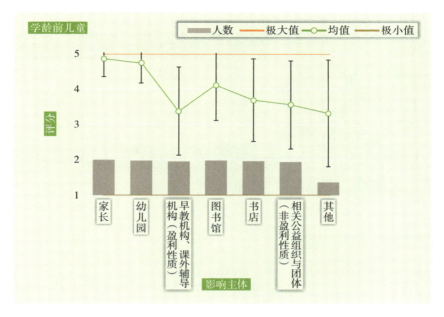

图 6 - 29　不同机构对学龄前儿童阅读的影响程度

从表 6 - 30 可见，从均值中可以看出，不同机构对学龄前儿童阅读兴趣和阅读行为过程中影响最大的前三位分别是"家长"（均值为 4.85），"幼儿园"（均值为 4.74）和"图书馆"（均值为 4.11）。（见表 6 - 30、图 6 - 29）

6.7.2　家长为孩子选书的影响因素

家长作为对学龄前儿童影响最大的主体，他们为学龄前儿童选书时主要受到表 6 - 31 所列因素的影响。

表 6 - 31　家长为学龄前儿童选书的影响因素

影响因素	人数	百分比	个案百分比
孩子自己的喜好	291	32.9%	82.2%
媒体宣传	39	4.4%	11.0%
获奖书目	47	5.3%	13.3%
朋友推荐	119	13.4%	33.6%
本人或家人的喜好	141	15.9%	39.8%

续表

影响因素	人数	百分比	个案百分比
幼儿园/早教机构老师推荐	152	17.2%	42.9%
育儿专家推荐	81	9.2%	22.9%
其他	15	1.7%	4.2%
合计	885	100.0%	250.0%
未填	2	—	—

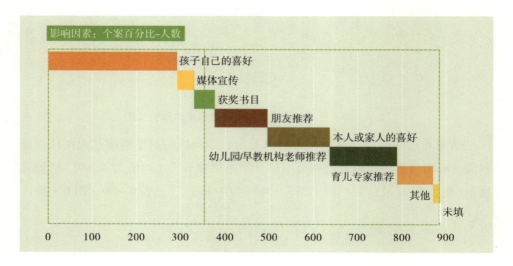

图 6 - 30　家长为学龄前儿童选书的影响因素

多数家长选书时受到影响的主要因素是"孩子自己的喜好"（82.2%），其次是"幼儿园/早教机构老师推荐"（42.9%）以及"本人或家人的喜好"（39.8%）。这说明大部分学龄前儿童的家长认为自己在为孩子选书时，应从孩子的喜好出发，同时会听取幼儿园或早教机构老师的建议，少数会根据育儿专家的推荐，受媒体或获奖节目的宣传影响不大。（见表 6 - 31、图 6 - 30）

6.7.3　幼儿园或早教机构对学龄前儿童阅读的主要作用

幼儿园或早教机构在促进学龄前儿童阅读方面所起到的主要作用如表 6 - 32所示：

表 6-32　幼儿园或早教机构对学龄前儿童阅读的主要作用

幼儿园或早教机构的作用	人数	百分比	个案百分比
培养阅读兴趣	302	27.8%	85.8%
提供阅读指导	242	22.3%	68.8%
提供适合的阅读书籍	205	18.9%	58.2%
形成阅读环境（如有小朋友共同阅读等）	249	22.9%	70.7%
提供阅读设备	82	7.6%	23.3%
没有起到作用	3	0.3%	0.9%
其他作用	2	0.2%	0.6%
合计	1085	100.0%	308.2%
未填	4	—	—

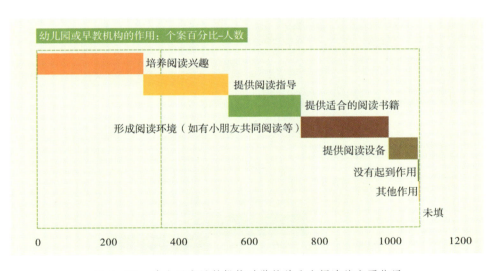

图 6-31　幼儿园或早教机构对学龄前儿童阅读的主要作用

整体来看，认为"没有起到作用"的比例仅占 0.9%，除"其他作用"之外，其余选项均有超过 20% 的人选择，说明家长普遍认可幼儿园或早教机构对学龄前儿童阅读所起到的积极作用。其中，家长普遍认为"培养阅读兴趣"（85.8%）、"形成阅读环境（如有小朋友共同阅读等）"（70.7%）以及"提供阅读指导"（68.8%）是幼儿园或早教机构对学龄前儿童阅读起到的最主要的作用。（见表 6-32、图 6-31）

6.7.4　图书馆对学龄前儿童阅读的主要作用

作为第三位的影响主体，图书馆在促进学龄前儿童阅读方面所起到的主要作用如表 6－33 所示：

表 6－33　图书馆对学龄前儿童阅读的主要作用

图书馆的作用	人数	百分比	个案百分比
培养阅读兴趣	271	27.4%	76.3%
提供阅读指导	123	12.4%	34.6%
提供适合的阅读书籍	256	25.9%	72.1%
形成阅读环境（如有小朋友共同阅读等）	262	26.5%	73.8%
提供阅读设备	67	6.8%	18.9%
没有起到作用	6	0.6%	1.7%
其他作用	5	0.5%	1.4%
合计	990	100.0%	278.9%
未填	1	—	—

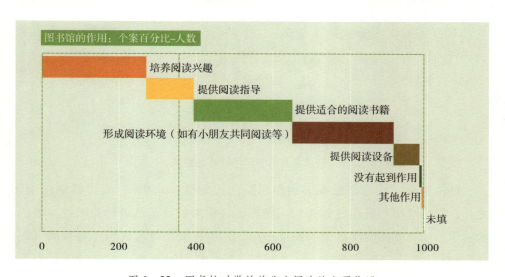

图 6－32　图书馆对学龄前儿童阅读的主要作用

仅有 1.7% 的人选择了"没有起到作用"，这说明家长普遍认可图书馆对儿童阅读所起到的积极影响。其中，76.3% 的家长选择了"培养阅读兴趣"，73.8% 的家长选择了"形成阅读环境（如有小朋友共同阅读等）"，72.1% 的家长选择了"提供适合的阅读书籍"，这三项的选择率较高且所占比例比较接近，这说明引导孩子培养阅读兴趣、营造良好的阅读环境以及提供适合学龄前儿童阅读的书籍等是家长认为图书馆对学龄前儿童所起到的重要作用。（见表 6 - 33、图 6 - 32）

第 7 章　广州市婴幼儿阅读调查研究报告

7.1　对婴幼儿进行阅读调查的特殊性

本报告中的婴幼儿是指 0 岁至 3 岁的未成年人，他们具有不同于其他年龄段未成年人的特殊性：（1）在生理上大脑快速发育，感觉知觉能力尚未完全发育成熟；（2）语言、认知、理解能力尚在初步发育的阶段；（3）尽管有部分已经进入幼儿园就读，但由于各方面发展的局限，其社会关系圈子很小，对除父母外的其他人群接触较少，对父母有着强烈的依恋。

由于婴幼儿尚不能清楚地用语言表达自己的想法，因此，此次调查主要直接针对婴幼儿家长或监护人进行，间接地了解婴幼儿的阅读态度和行为。与此同时，因为婴幼儿在社会性、情感和智力等方面受到家长的影响，所以本次调查也涉及家长对婴幼儿早期教育和阅读指导、家长的阅读态度和阅读行为等方面。

7.2　婴幼儿调查样本的基本情况

项目组在广州市分别分布在四大区域（包括老城区、新城区、周边区和县级区）的 4 所幼儿园、广州少儿馆、以及广州市 3 个公园实地发放问卷，此外，还通过网络向居住在广州的婴幼儿家长发放问卷，共回收问卷 324 份（通过网络回收问卷 27 份），其中有效问卷 297 份，有效率为 91.7%。

7.2.1 婴幼儿家庭的基本情况

表 7 - 1 受访婴幼儿家庭基本情况

基本情况			人数	百分比	有效百分比
家长性别		男	80	26.9%	27.0%
		女	216	72.7%	73.0%
		缺失	1	0.3%	—
		合计	297	100.0%	100.0%
居住地区	老城区	荔湾区	2	0.7%	0.7%
		越秀区	72	24.2%	24.2%
		海珠区	14	4.7%	4.7%
	新城区	天河区	101	34.0%	34.0%
		黄埔区	7	2.4%	2.4%
		白云区	66	22.2%	22.2%
	周边区	番禺区	23	7.7%	7.7%
	县级区	增城区	12	4.0%	4.0%
	合计		297	100.0%	100.0%
拥有孩子数量		1 个	198	66.7%	66.9%
		2 个	97	32.7%	32.8%
		3 个	1	0.3%	0.3%
		缺失	1	0.3%	—
		合计	297	100.0%	100.0%
目前处于0～6岁孩子的数量		1 个	242	81.5%	82.6%
		2 个	50	16.8%	17.1%
		3 个	1	0.3%	0.3%
		缺失	4	1.3%	—
		合计	297	100.0%	100.0%

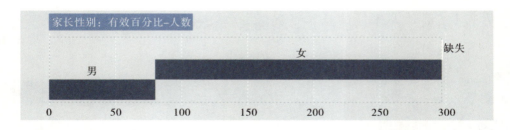

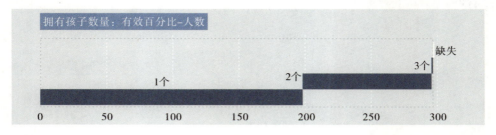

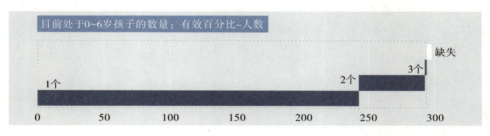

图 7 – 1　受访婴幼儿家庭基本情况

在本次调查中，受访家长共 297 人，性别比例悬殊，女性的比例约为男性的 2.5 倍。可能因为多数是母亲陪伴幼儿上下学、到公园玩耍、到图书馆阅读等。在家庭居住地区方面，本次调查覆盖了广州全部四大区域的 8 个区划。

受访家庭当中约有 67% 是独生子女家庭，拥有 2 个孩子的家庭仅占家庭总数的约三分之一；大多数（82.6%）家庭，只有 1 个不到 6 岁的孩子，拥有 2 个小于 6 岁孩子的家庭仅占总体的 17.1%。（见表 7 – 1、图 7 –1）

项目组还对婴幼儿家长的受教育程度进行了调查。

表 7-2　受访婴幼儿家长的受教育程度

受教育程度	受访家长		配偶	
	人数	百分比	人数	百分比
小学及以下	1	0.3%	2	0.7%
初中	13	4.3%	12	4.0%
中专或高中	35	11.8%	33	11.1%
大专	62	20.9%	73	24.6%
本科	124	41.8%	123	41.4%
硕士研究生	46	15.5%	44	14.8%
博士研究生	14	4.7%	8	2.7%
缺失	2	0.7%	2	0.7%
合计	297	100.0%	297	100.0%

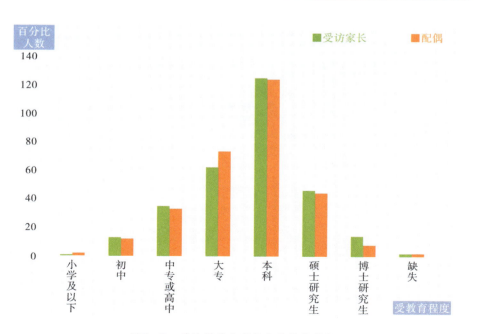

图 7-2　受访婴幼儿家长的受教育程度

无论是男性还是女性家长，其受教育程度呈现中间大两头小的橄榄型分布，其中小学及以下、博士研究生两个最低和最高学历的家长最少，而分布最集中于大专和本科层次，其次是中专或高中和硕士研究生。此外，受访家长及其配偶的受教育程度比较相近。总体而言，受访婴幼儿家长受教育程度普遍比较高，受过高等教育（包括大专、本科、硕博士研究生）的人数达到80% 以上。（见表 7 – 2、图 7 – 2）

7.2.2 婴幼儿的基本情况

项目组对婴幼儿样本的年龄、性别、入学等基本情况进行了调查。

表 7 – 3 受访婴幼儿的基本情况

	基本情况	人数	百分比	有效百分比
性别	男	146	49.2%	49.2%
	女	151	50.8%	50.8%
	合计	297	100.0%	100.0%
年龄	0 岁	22	7.4%	7.4%
	1 岁	61	20.5%	20.5%
	2 岁	99	33.3%	33.3%
	3 岁	115	38.7%	38.7%
	合计	297	100.0%	100.0%
入学情况	未去过任何教育机构	152	51.2%	51.4%
	上早教	41	13.8%	13.9%
	幼儿园小小班	31	10.4%	10.5%
	幼儿园小班	70	23.6%	23.6%
	幼儿园中班	2	0.7%	0.7%
	缺失	1	0.3%	—
	合计	297	100.0%	100.0%

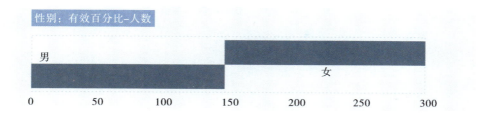

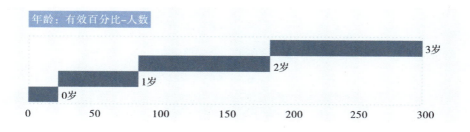

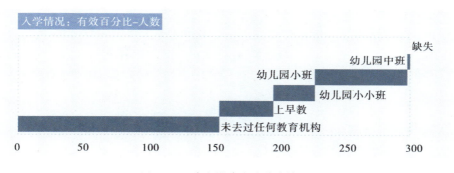

图 7-3 受访婴幼儿的基本情况

本次受访婴幼儿共 297 名，孩子性别比例男女大致相当，符合随机抽样规律。为了方便统计，项目组将月龄未满 12 个月的婴儿统一归为 0 岁。

在孩子年龄方面，0 岁到 3 岁的儿童样本均有涉及，但其中 0 岁样本较少，原因可能是 0 岁婴儿外出活动时间较少且活动范围多限于居住地附近。从入学情况看来，婴幼儿大多数未去过任何教育机构，其次为正在上幼儿园，最后是参加早教班。（见表 7-3、图 7-3）

表 7－4　婴幼儿各年龄段入学情况

入学情况＼年龄	0 岁		1 岁		2 岁		3 岁		合计	
	人数	百分比	人数	百分比	人数	百分比	人数	百分比	人数	百分比
未去过任何教育机构	21	95.5%	53	86.9%	58	59.2%	20	17.4%	152	51.4%
上早教	0	0%	6	9.8%	31	31.6%	4	3.5%	41	13.9%
幼儿园小小班	1	4.5%	0	0%	6	6.1%	24	20.9%	31	10.5%
幼儿园小班	0	0%	1	1.6%	3	3.1%	66	57.4%	70	23.6%
幼儿园中班	0	0%	1	1.6%	0	0%	1	0.9%	2	0.7%
合计	22	100.0%	61	100.0%	98	100.0%	115	100.0%	296	100.0%

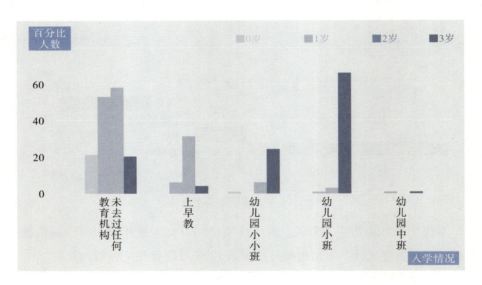

图 7－4　婴幼儿各年龄段入学情况

　　在各年龄段入学情况看来，未去过任何教育机构和上早教的婴幼儿人数呈先上升后下降的趋势，进入幼儿园的人数则随年龄增加而增加。1 岁及以下的婴儿大部分都未去过任何教育机构，自 2 岁起部分家长会考虑将幼儿送入早教机构或幼儿园；而当幼儿达到 3 岁以后，大部分家长一般会将幼儿送入幼儿园就读，选择家庭教育或早教班的家长较少。（见表 7－4、图 7－4）

7.3 婴幼儿的阅读态度

7.3.1 婴幼儿对阅读的喜爱程度

由于婴幼儿年龄段孩子绝大部分未能自己阅读和自主填写问卷，项目组在家长问卷的设计中加入婴幼儿阅读态度相关问题，以便向家长了解孩子对阅读的喜爱程度和主动性。

表7-5 婴幼儿对阅读的喜爱程度

喜爱程度	人数	百分比	有效百分比
非常喜欢	91	30.6%	32.3%
比较喜欢	115	38.7%	40.8%
一般	71	23.9%	25.2%
不太喜欢	5	1.7%	1.8%
很不喜欢	0	0%	0%
缺失	15	5.1%	——
合计	297	100.0%	100.0%

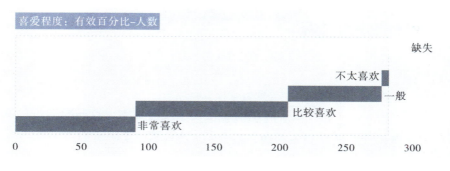

图7-5 婴幼儿对阅读的喜爱程度

由表7-5可知，超过70%的婴幼儿"非常喜欢"或"比较喜欢"阅读，但仍有多于四分之一的婴幼儿对阅读的喜爱程度仅为"一般"和"不太喜欢"，但无人表示"很不喜欢"。另有部分婴幼儿由于年龄过小等原因未接触过阅读。由此可见，大部分婴幼儿对阅读具有浓厚兴趣。（见表7-5、图7-5）

表7-6 婴幼儿的阅读主动性

阅读主动性	人数	百分比	有效百分比
经常要求	98	33.0%	35.0%
有时要求	109	36.7%	38.9%
一般	31	10.4%	11.1%
很少要求	26	8.8%	9.3%
从不要求	16	5.4%	5.7%
缺失	17	5.7%	—
合计	297	100.0%	100.0%

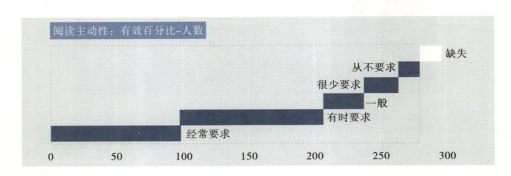

图7-6 婴幼儿的阅读主动性

73.9%的婴幼儿经常或有时主动要求读书或听故事，这与对阅读的喜爱程度的比例接近；只有15%的幼儿很少要求或从不要求听故事。

综合分析婴幼儿对阅读的喜爱程度和主动性，发现大部分婴幼儿拥有良好的阅读意愿，会主动要求读书，也喜爱读书。（见表7-6、图7-6）

7.3.2 家长对阅读的喜爱程度

由于婴幼儿的年龄较小，阅读需要家长陪伴并引导，而家长的阅读态度在其中起着重要作用。"非常喜欢"或"比较喜欢"阅读的家长共有65%，其中表示"非常喜爱"阅读的仅占16.2%，比例较低。另外有30.3%的家长对阅读持"一般"态度；还有4.7%的家长对阅读持消极态度，表示"不太喜欢"或"很不喜欢"。总体而言，大部分家长对阅读持有积极的态度。（见表7-7、图7-7）

表7-7　婴幼儿家长对阅读的喜爱程度

喜爱程度	人数	百分比
非常喜欢	48	16.2%
比较喜欢	145	48.8%
一般	90	30.3%
不太喜欢	13	4.4%
很不喜欢	1	0.3%
合计	297	100.0%

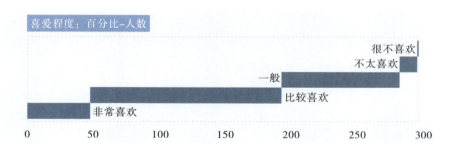

图7-7　婴幼儿家长对阅读的喜爱程度

7.3.3　家长对阅读重要性的认知

表 7 – 8　婴幼儿家长对阅读重要性的认知

重要程度	人数	百分比	有效百分比
非常重要	197	66.3%	66.6%
比较重要	90	30.3%	30.4%
一般	9	3.0%	3.0%
不太重要	0	0%	0%
很不重要	0	0%	0%
缺失	1	0.3%	—
合计	297	100.0%	100.0%

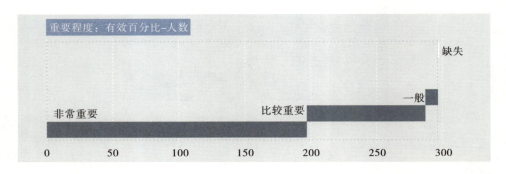

图 7 – 8　婴幼儿家长对阅读重要性的认知

　　总体而言，大部分家长对阅读的重要性有着清楚认知：超过六成家长认为阅读"非常重要"，近三分之一家长认为阅读"比较重要"，无人认为阅读"不太重要"或"很不重要"。

　　通过对阅读的喜爱程度和重要性认知两项的对比分析，项目组家长对阅读重要性认知程度高于喜爱程度，大部分家长认为阅读重要，但部分家长自己并不喜欢阅读。（见表 7 – 8、图 7 – 8）

7.4 婴幼儿的阅读行为

项目组从接触阅读的年龄、尚未接触阅读的原因、阅读场所、家长引导阅读的主要目的、阅读量、阅读时长、阅读方式、阅读读物的主题偏好、阅读读物的选择方式等9个方面对婴幼儿的阅读行为进行了调查。

7.4.1 接触阅读的年龄

表 7 - 9 婴幼儿接触阅读的年龄

接触阅读的年龄	人数	百分比	有效百分比
0～6 个月	86	29.0%	29.2%
6～12 个月	93	31.3%	31.5%
12～24 个月	82	27.6%	27.8%
24～36 个月	16	5.4%	5.4%
36 个月以后	4	1.3%	1.4%
从未接触过阅读	14	4.7%	4.7%
缺失	2	0.7%	—
合计	297	100.0%	100.0%

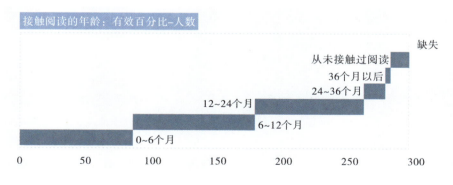

图 7 - 9 婴幼儿接触阅读的年龄

如表 7 - 9 所示，有 88.5% 的婴幼儿在 2 岁及以前就已接触阅读，其中 60.7% 的婴幼儿在 1 岁及以前接触到阅读，约 30% 的婴幼儿不到半岁已接触到阅读，阅读形式包括孩子看图画书、听故事、家长给孩子读书等。还有 27.8% 的孩子在 1 岁到 2 岁期间开始接触阅读，首次接触阅读时年龄已超过 2 岁的孩子仅占约 6.1%。由此可见，大部分家长均很关注婴幼儿的早期阅读，一般都让孩子尽早接触阅读：大部分孩子在年满 2 岁前已接触阅读，2 岁之后才开始接触阅读的孩子很少。（见表 7 - 9、图 7 - 9）

7.4.2 未接触阅读的原因

从表 7 - 10 可知，仍有部分婴幼儿从未接触过阅读。项目组对未接触阅读的 14 名婴幼儿进行了调查。在未接触阅读的原因当中，最多家长选择"孩子太小还不会读书"（61.5%），其次是"孩子不喜欢看书"（15.4%），再次是"没人教孩子看书"和"家长不喜欢看书"（都是 7.7%）。没有家长选择"没有闲钱给孩子买课外书"和"阅读不重要，没有必要让孩子接触"，这说明孩子并不是因为家庭经济原因被迫不能阅读，且家长对阅读重要性有清楚认识。（见表 7 - 10、图 7 - 10）

表 7 - 10　婴幼儿未接触阅读的原因（样本 = 14）

未接触阅读的原因	人数	百分比	有效百分比
孩子太小还不会读书	8	57.1%	61.5%
孩子不喜欢看书	2	14.3%	15.4%
没人教孩子看书	1	7.1%	7.7%
家长不喜欢看书	1	7.1%	7.7%
没有闲钱给孩子买课外书	0	0%	0%
阅读不重要，没有必要让孩子接触	0	0%	0%
其他	1	7.1%	7.7%
缺失	1	7.1%	—
合计	14	100.0%	100.0%

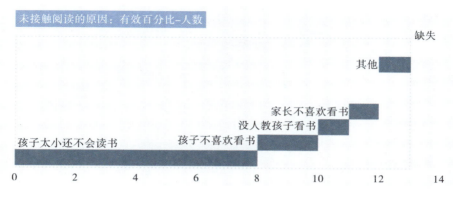

图 7 - 10 婴幼儿未接触阅读的原因（样本 = 14）

7.4.3 阅读场所

表 7 - 11 婴幼儿的阅读场所

阅读场所	人数	百分比	个案百分比
家里	259	54.4%	92.2%
幼儿园	84	17.6%	29.9%
图书馆	78	16.4%	27.8%
早教机构	23	4.8%	8.2%
书店	19	4.0%	6.8%
交通工具	13	2.7%	4.6%
合计	476	100.0%	169.4%
未填	16	—	—

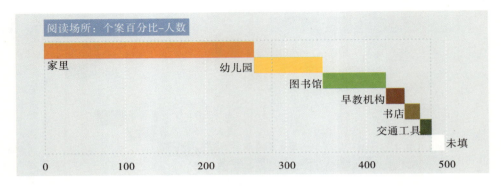

图 7 - 11　婴幼儿的阅读场所

大部分婴幼儿都在家里阅读（92.2%），在幼儿园、图书馆进行阅读的婴幼儿比例相当，分别为 29.9% 和 27.8%。对比前三个阅读场所，早教机构、书店或交通工具只是少数婴幼儿家长的选择。（见表 7 - 11、图 7 - 11）

7.4.4　阅读主要目的

表 7 - 12　家长引导婴幼儿阅读的目的

主要目的	人数	百分比	个案百分比
帮助认识各种事物	219	26.0%	77.4%
培养孩子的阅读兴趣	214	25.4%	75.6%
开发智力，培养学习能力	173	20.6%	61.1%
娱乐放松	133	15.8%	47.0%
帮助识字，学数数	97	11.5%	34.3%
其他	5	0.6%	1.8%
合计	841	100.0%	297.2%
未填	14	—	—

如表 7 - 12 所示，大部分家长认为引导婴幼儿阅读的主要目的是"帮助认识各种事物""培养孩子的阅读兴趣""开发智力，培养学习能力"，比例分别占 77.4%、75.6% 和 61.1%。选择"娱乐放松"和"帮助识字，学数数"的比例未过半，分别是 47.0% 和 34.3%。由此可以看出，婴幼儿父母认

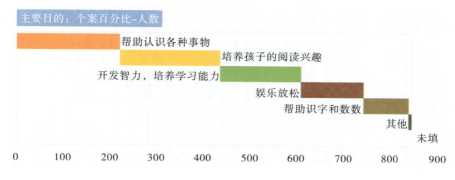

图 7 - 12　家长引导婴幼儿阅读的目的

识到阅读对于婴幼儿认知能力发展的重要性，他们认为早期阅读能够帮助发展儿童的学习能力和培养阅读兴趣，而不是增进"识字、数数"等具体的技能。从调查结果来看，多数婴幼儿父母对早期阅读的期望主要着眼于婴幼儿的长期发展。（见表 7 - 12、图 7 - 12）

7.4.5　阅读量

表 7 - 13　2016 年婴幼儿的阅读量

阅读量	人数	百分比	有效百分比
0 本	16	5.4%	5.7%
1～5 本	93	31.3%	33.0%
6～10 本	47	15.8%	16.7%
11～15 本	27	9.1%	9.6%
16～20 本	27	9.1%	9.6%
21～30 本	15	5.1%	5.3%
30 本以上	37	12.5%	13.1%
读了一些，记不清具体数目	20	6.7%	7.1%
缺失	15	5.1%	—
合计	297	100.0%	100.0%

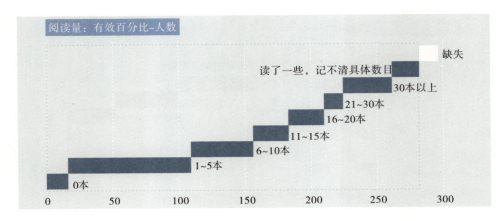

图 7 – 13　2016 年婴幼儿的阅读量

总体看来，婴幼儿阅读情况良好，大部分婴幼儿在过去一年中都有进行书籍阅读，仅有 16 人的阅读量为 0 本，仅占 5.7％。此外，婴幼儿阅读量差异较大：约三分之一婴幼儿阅读量都集中在 1～5 本之间，阅读量为 6～10 本的人数也占 16.7％；但同时年阅读量在 30 本以上的婴幼儿也为数不少，达 13.1％。（见表 7 – 13、图 7 – 13）

对各年龄段婴幼儿的年阅读量进行分析，可以进一步发现婴幼儿阅读的规律。

表 7 – 14　各年龄段婴幼儿的年阅读量（样本 = 261）

年龄 年阅读量	0 岁		1 岁		2 岁		3 岁		合计
	人数	百分比	人数	百分比	人数	百分比	人数	百分比	人数
0 本	8	47.1%	6	10.7%	2	2.3%	0	0.0%	16
1～5 本	7	41.2%	27	48.2%	25	28.7%	33	32.7%	92
6～10 本	1	5.9%	12	21.4%	18	20.7%	16	15.8%	47
11～15 本	0	0.0%	2	3.6%	14	16.1%	11	10.9%	27
16～20 本	0	0.0%	4	7.1%	7	8.0%	16	15.8%	27
21～30 本	1	5.9%	2	3.6%	0	0.0%	12	11.9%	15
30 本以上	0	0.0%	3	5.4%	21	24.1%	13	12.9%	37
合计	17	100.0%	56	100.0%	87	100.0%	101	100.0%	261

整体上看，婴幼儿阅读量随年龄增长而增加：0 岁婴儿在阅读起步阶段，年阅读量大部分都在 5 本及以下，约一半的婴儿阅读量为 0；3 岁的幼儿在阅读量上最大，这主要表现在无阅读量为 0 本的幼儿，年阅读量为 15 本以上的比例增大，达到 47.1%。（见表 7 – 14）

7.4.6　阅读时长

与阅读量一样，阅读时长也是反映阅读状况的基础指标之一。表 7 – 15 即为广州市婴幼儿平均每天课外书阅读时长：

表 7 – 15　婴幼儿平均每天阅读时长

阅读时长	人数	百分比	有效百分比
半小时以内	163	54.9%	58.4%
0.5～1 小时	84	28.3%	30.1%
1～2 小时	29	9.8%	10.4%
2 小时以上	3	1.0%	1.1%
缺失	18	6.1%	—
合计	297	100.0%	100.0%

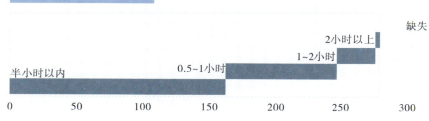

图 7 – 14　婴幼儿平均每天阅读时长

婴幼儿普遍阅读时间较短，阅读时长在半小时内的婴幼儿占有效人数的 58.4%，阅读时长为 1 小时以内的婴幼儿比例约为 89%，阅读时长在 2 小时以内的占 98.9%，仅有 1.1% 花费 2 小时以上进行阅读。（见表 7 – 15、图 7 – 14）

表 7 – 16　各年龄段婴幼儿的阅读时长（样本 = 279）

年龄 阅读时长	0 岁		1 岁		2 岁		3 岁		合计
	人数	百分比	人数	百分比	人数	百分比	人数	百分比	人数
半小时以内	13	72.2%	37	64.9%	53	56.4%	60	54.5%	163
0.5～1 小时	4	22.2%	15	26.3%	27	28.7%	38	34.5%	84
1～2 小时	1	5.6%	4	7.0%	13	13.8%	11	10.0%	29
2 小时以上	0	0.0%	1	1.8%	1	1.1%	1	0.9%	3
合计	18	100.0%	57	100.0%	94	100.0%	110	100.0%	279

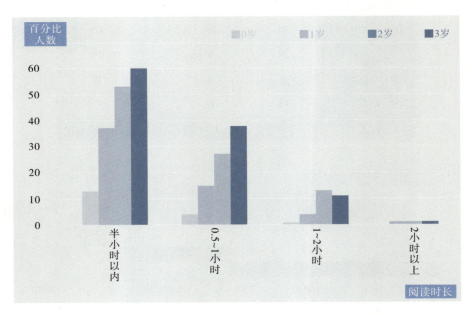

图 7 – 15　各年龄段婴幼儿的阅读时长（样本 = 279）

对各年龄段婴幼儿的阅读时长进行分析，发现与阅读量相同，婴幼儿阅读时长总体上随年龄增长而增长，这表现在年龄越大的婴幼儿在阅读时间在半小时及以上的比例越大；但不论年龄大小，阅读时间为半小时以内的人数仍是比例最高的。（见表 7 – 16、图 7 – 15）

7.4.7 阅读方式

表7-17 婴幼儿的主要阅读方式

阅读方式	人数	百分比	个案百分比
家长读给孩子听	200	31.9%	70.7%
家长陪孩子一起读	183	29.2%	64.7%
通过手机、电脑等实现多媒体阅读	93	14.9%	32.9%
自己阅读	67	10.7%	23.7%
参加图书馆、早教等机构的阅读活动	46	7.3%	16.3%
与小伙伴一起阅读	31	5.0%	11.0%
其他	6	1.0%	2.1%
合计	626	100.0%	221.2%
未填	14	—	—

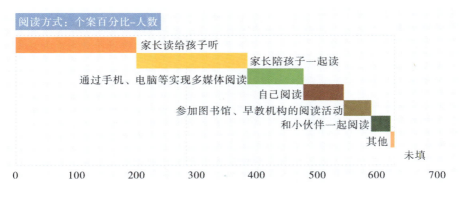

图7-16 婴幼儿的主要阅读方式

调查结果显示，婴幼儿阅读方式多样，平均每人采用2种以上的方式进行阅读。婴幼儿阅读的最普遍形式是亲子共读，具体形式为"家长读给孩子听"和"家长陪孩子一起读"两种，比例分别为70.7%和64.7%，这是大多数婴幼儿家庭的阅读形式。其次是"通过手机、电脑等实现多媒体阅读"，占32.9%。其他阅读形式的比例均低于30%，婴幼儿自主阅读的比例为23.7%，

"参加图书馆、早教等机构的阅读活动"和"与小伙伴一起阅读"仅占
16.3% 和 11.0% 。（见表 7 – 17、图 7 – 16）

表 7 – 18　各年龄段婴幼儿的主要阅读方式（样本 = 283）

年龄 阅读方式	0 岁		1 岁		2 岁		3 岁		合计
	人数	个案 百分比	人数	个案 百分比	人数	个案 百分比	人数	个案 百分比	人数
自己阅读	2	11.1%	7	12.1%	26	27.1%	32	28.8%	67
家长读给孩子听	15	83.3%	44	75.9%	65	67.7%	76	68.5%	200
家长陪孩子一起读	3	16.7%	29	50.0%	70	72.9%	81	73.0%	183
与小伙伴一起阅读	0	0.0%	2	3.4%	14	14.6%	15	13.5%	31
通过手机、电脑等 实现多媒体阅读	3	16.7%	15	25.9%	30	31.3%	45	40.5%	93
参加图书馆、早教等 机构的阅读活动	0	0.0%	2	3.4%	21	21.9%	23	20.7%	46
其他	3	16.7%	1	1.7%	2	2.1%	0	0.0%	6
答题人数	18		58		96		111		283

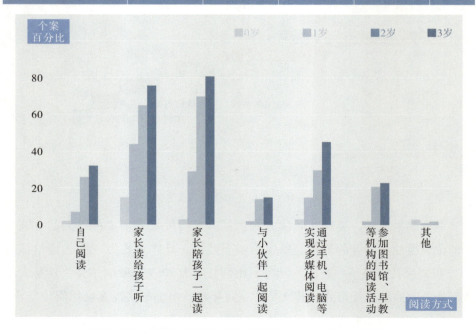

图 7 – 17　各年龄段婴幼儿的主要阅读方式（样本 = 283）

对各年龄段婴幼儿的主要阅读方式进行比较分析，发现随着年龄的增长，除了"家长读给孩子听"的比例下降之外，其余6种阅读方式的比例均逐渐上升。分年龄段来看，在0岁阶段，婴儿主要采用的是听父母阅读的方式；1岁的婴幼儿在听父母读书的同时，开始转向与父母互动共读、利用多媒体阅读、参加阅读活动、自己阅读等多种形式；2～3岁的幼儿与父母陪伴共读的比例已超过听父母读书的比例，自己阅读、与小伙伴同读、参加阅读活动的比例显著升高。

由此可见，婴幼儿的阅读方式始终还是依赖父母，以亲子阅读的形式为主；但随着婴幼儿的成长，亲子阅读的方式由单向逐渐转向双向，互动交流增多。从1岁起，婴幼儿开始与同龄的伙伴一起阅读，将阅读作为玩耍、社交的一种途径，阅读的作用不再局限于学习知识。值得注意的是，有相当比例的家长借助手机、平板电脑等电子设备让婴幼儿进行多媒体阅读，说明家长对婴幼儿数字阅读的态度较为开放。然而，从调查结果来看，婴幼儿参加各机构举办的阅读活动比例较低。（见表7-18、图7-17）

7.4.8　阅读读物的主题偏好

表7-19　家长为婴幼儿选择读物的主题偏好

喜欢类型	人数	百分比	个案百分比
图画卡片、挂图	138	17.0%	48.9%
绘本（以图画为主）	130	16.0%	46.1%
绘画故事（图文并重）	106	13.1%	37.6%
立体书、布艺书、玩具书	82	10.1%	29.1%
童话寓言故事	80	9.9%	28.4%
卡通漫画	80	9.9%	28.4%
诗歌童谣	60	7.4%	21.3%
识字数数类	49	6.0%	17.4%

续表

喜欢类型	人数	百分比	个案百分比
益智游戏	49	6.0%	17.4%
科学知识、常识类	32	4.0%	11.3%
其他	4	0.5%	1.4%
合计	810	100.0%	287.2%
未填	15	—	—

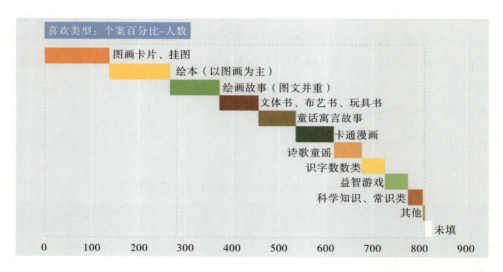

图 7-18　家长为婴幼儿选择读物的主题偏好

调查显示，最受婴幼儿欢迎的主题为"图画卡片、挂图""绘本（以图画为主）""绘画故事（图文并重）"三大类型，受欢迎程度较低的为"识字数数类""益智游戏""科学知识、常识类"三种主题的读物。上述读物的受欢迎程度说明了婴幼儿喜爱图形、图像多于文字，阅读方式主要是图像阅读。（见表 7-19、图 7-18）

表7-20 各年龄段婴幼儿阅读读物的主题偏好（样本=282）

阅读读物主题 \ 年龄	0岁		1岁		2岁		3岁		合计
	人数	个案百分比	人数	个案百分比	人数	个案百分比	人数	个案百分比	人数
图画卡片/挂图	10	55.6%	28	49.1%	53	55.2%	47	42.3%	138
童话寓言故事	4	22.2%	10	17.5%	22	22.9%	44	39.6%	80
识字数数类	4	22.2%	11	19.3%	15	15.6%	19	17.1%	49
卡通漫画	3	16.7%	10	17.5%	27	28.1%	40	36.0%	80
诗歌童谣	3	16.7%	10	17.5%	26	27.1%	21	18.9%	60
科学知识/常识类	0	0.0%	4	7.0%	7	7.3%	21	18.9%	32
绘画故事（图文并重）	2	11.1%	12	21.1%	40	41.7%	52	46.8%	106
绘本（以图画为主）	8	44.4%	24	42.1%	46	47.9%	52	46.8%	130
益智游戏	2	11.1%	4	7.0%	15	15.6%	28	25.2%	49
立体书/布艺书/玩具书	4	22.2%	15	26.3%	35	36.5%	28	25.2%	82
其他	2	11.1%	0	0.0%	0	0.0%	2	1.8%	4
答题人数	18		57		96		111		282

分析各年龄段婴幼儿阅读读物的主题偏好，发现"图画卡片/挂图""绘本（以图画为主）"是4个年龄段共同喜爱的主题类型。此外，"卡通漫画""绘本（以图画为主）""童话寓言故事""益智游戏""科学知识/常识类"

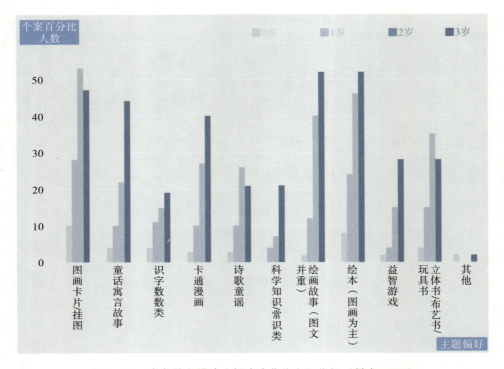

图 7 - 19   各年龄段婴幼儿阅读读物的主题偏好（样本 = 282）

等 5 种类型，随着年龄的增加，大致呈现正比例增加；相反地，"图画卡片/挂图""识字数数类"两类随着婴幼儿年龄增加，比例有所下降；"诗歌童谣""绘本（以图画为主）"的比例略微上升但总体稳定；"立体书""布艺书""玩具书"类型在 0～2 岁年龄段比例上升，然后在 2～3 岁有所回落。整体看来，0 岁婴儿的主题较为单一，主要是图片、绘本为主，而 3 岁幼儿则对很多主题都产生兴趣，涉猎范围更广。

从阅读主题偏好可以总结出婴幼儿的阅读具有以下特点：（1）随着年龄的增加，从图形图像为主开始转向图像与文字结合；（2）从 2～3 岁起，婴幼儿对故事、情节等表现出强烈的兴趣，对科普类图书、益智游戏等类型也有所涉猎。（见表 7 -20、图 7 - 19）

7.4.9　阅读读物的挑选方式

表 7 – 21　婴幼儿阅读读物的挑选方式

来源	人数	百分比	有效百分比
家长给孩子挑选	202	68.0%	71.9%
家长和孩子一起挑选	70	23.6%	24.9%
孩子自己挑选	8	2.7%	2.8%
其他	1	0.3%	0.4%
缺失	16	5.4%	—
合计	297	100.0%	100.0%

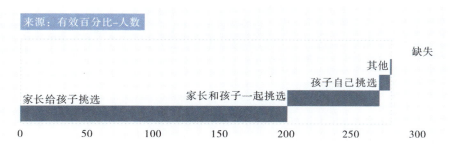

图 7 – 20　婴幼儿阅读读物的挑选方式

在婴幼儿读物的选择上，71.9% 的家长自己为婴幼儿挑选读物，只有 24.9% 的家长表示孩子的读物是由家长与孩子一同挑选的，还有 2.8% 的家长表示婴幼儿可以自己挑选想读的书。由于婴幼儿年龄较小，大部分家长都对婴幼儿选书、购书行为进行了引导，帮助或和孩子一起挑书。（见表 7 – 21、图 7 – 20）

7.4.10　阅读读物的获取途径

表 7 - 22　婴幼儿家长获取读物的主要渠道

获取渠道	人数	百分比	个案百分比
购买（包括书店购买或网络购买）	246	41.7%	86.9%
家长、朋友之间互相借阅	105	17.8%	37.1%
图书馆借阅	51	8.6%	18.0%
别人赠送	43	7.3%	15.2%
带孩子在书店看	42	7.1%	14.8%
幼儿园发放	37	6.3%	13.1%
早教机构发放	36	6.1%	12.7%
网上免费获取	26	4.4%	9.2%
其他	4	0.7%	1.4%
合计	590	100.0%	208.5%
未填	14	—	—

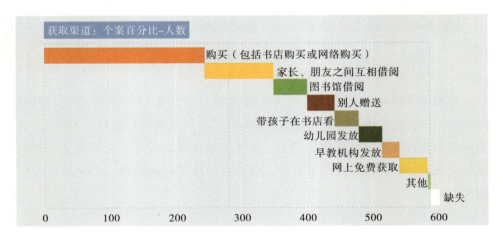

图 7 - 21　婴幼儿家长获取读物的主要渠道

如表 7 - 22 所示，婴幼儿家长获取读物的渠道较为多样。86.9% 的婴幼儿家庭获得婴幼儿读物的主要途径是通过购买。其次是通过家长、朋友之间的互相借阅，占比 37.1% 。其余方式如图书馆借阅、别人赠送、带孩子在书店看、幼儿园发放、早教机构发放、网上免费获取等比例较为接近。总体来看，婴幼儿家庭获取读物的渠道主要是购买为主，其他渠道（包括借阅、转赠、免费获取等）为辅；家庭购买为主，其他机构（如图书馆、幼儿园、早教机构等）获取为辅。值得注意的是，55.1 的家长通过借阅满足婴幼儿阅读需求，但其中图书馆借阅的比例较少，仅有 18.0% 的家长通过图书馆借阅，而通过家长、朋友之间的借阅则达到 37.1% 。（见表 7 - 22、图 7 - 21）

7.5　婴幼儿的阅读途径

7.5.1　参加亲子阅读活动的途径

参加亲子阅读活动也是婴幼儿阅读的重要形式之一，项目组对家长与婴幼儿参加亲子阅读推广活动的途径进行了调查。

表 7 - 23　婴幼儿参加亲子阅读活动的途径

途径	人数	百分比	个案百分比
幼儿园	67	18.2%	23.8%
公共图书馆	74	20.1%	26.2%
书店	27	7.3%	9.6%
早教机构	85	23.0%	30.1%
其他	7	1.9%	2.5%
从未参加	109	29.5%	38.7%
合计	369	100.0%	130.9%
未填	15	—	—

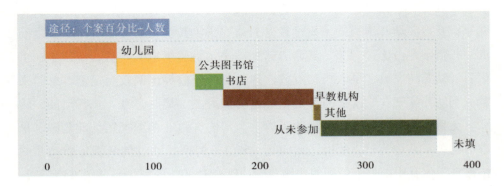

图 7 – 22　婴幼儿参加亲子阅读活动的途径

调查数据显示，有 38.7% 的受访者未参加过任何机构或组织举办的阅读活动，有 61.3% 的受访者参加过此类阅读活动。在参加过活动的受访者当中，最多人参加的是早教机构的阅读活动（30.1%），其次是公共图书馆的阅读活动（26.2%），再次是幼儿园的阅读活动（23.8%）；最少人参加的是书店和其他机构的活动，仅占 9.6% 和 2.5%。（见表 7 –23、图 7 –22）

7.5.2　参加图书馆阅读活动的频率

为进一步了解图书馆在婴幼儿阅读中的作用，以及家长与婴幼儿利用图书馆的情况，项目组对 2016 年家长与婴幼儿去图书馆参与阅读类活动情况进行了调查。

表 7 –24　婴幼儿去图书馆参与阅读活动的频率

频率	人数	百分比	有效百分比
0 次	111	37.4%	39.2%
1～5 次	116	39.1%	41.0%
6～10 次	24	8.1%	8.5%
11～20 次	14	4.7%	4.9%
20 次以上	18	6.1%	6.4%
缺失	14	4.7%	—
合计	297	100.0%	100.0%

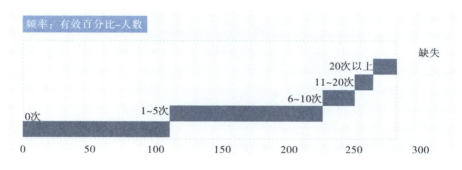

图 7 - 23　婴幼儿去图书馆参与阅读活动的频率

调查表明，图书馆阅读类活动参与率较高。过去一年，参与过图书馆阅读类活动的受访者占 60.8%，未参与过图书馆阅读类活动的受访者占 39.2%。阅读活动参与次数差异较大，其中，参与次数为 1～5 次的受访者最多，比例为 41.0%；参与阅读类活动次数为 6 次及以上的受访者比例为 19.8%。(见表 7 - 24、图 7 - 23)

7.6　婴幼儿购买读物的情况

7.6.1　家庭为婴幼儿购买读物的支出

项目组还向家长调查了过去一年在婴幼儿读物购买方面的总支出，结果如表 7 - 25 所示。

表 7 - 25　2016 年家庭为婴幼儿购买读物的支出

购买读物支出	人数	百分比	有效百分比
20 元以下	6	2.0%	2.1%
20～50 元	20	6.7%	7.1%
51～100 元	58	19.5%	20.5%
101～200 元	59	19.9%	20.8%
201～500 元	71	23.9%	25.1%

续表

购买读物支出	人数	百分比	有效百分比
500～1000 元	36	12.1%	12.7%
1000 元以上	16	5.4%	5.7%
不清楚	17	5.7%	6.0%
缺失	14	4.7%	—
合计	297	100.0%	100.0%

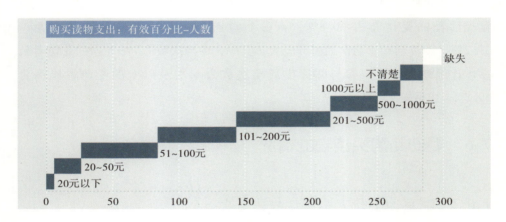

图 7 - 24   2016 年家庭为婴幼儿购买读物的支出

如表 7 - 25 所示，较多家庭为婴幼儿购买读物的支出在 "51～100 元"（占 20.5%）"101～200 元"（占 20.8%）和 "201～500 元"（占 25.1%）这三个区间内，即年支出 51～500 元的家庭占有效人数的 66.4%。年阅读支出在 50 元及以下的家庭所占比重为 9.2%，年阅读支出在 1000 元以上的家庭占比 5.7%。（见表 7 - 25、图 7 - 24）

7.6.2 家庭为婴幼儿购买读物的数量

表7-26 2016年家庭为婴幼儿购买书刊的数量

年购买量	人数	百分比	有效百分比
0 本	7	2.4%	2.5%
1～25 本	160	53.9%	56.5%
26～50 本	64	21.5%	22.6%
51～100 本	25	8.4%	8.8%
101～300 本	9	3.0%	3.2%
301～500 本	4	1.3%	1.4%
500 本以上	4	1.3%	1.4%
不清楚	10	3.4%	3.5%
缺失	14	4.7%	——
合计	297	100.0%	100.0%

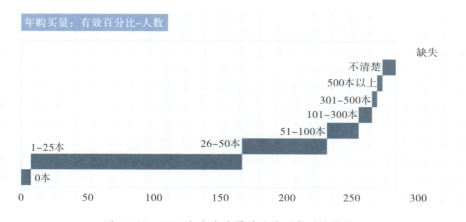

图7-25 2016年家庭为婴幼儿购买书刊的数量

关于2016年家庭为婴幼儿购买书刊的数量，56.5%的家庭购买的书刊都在1～25本这一范围内，其次购买26～50本的家庭占比例22.6%，即大部分（79.1%）家庭购买书刊在50本以内。这说明大部分家长有为婴幼儿购买读物的习惯。（见表7-26、图7-25）

7.7 婴幼儿的数字阅读

7.7.1 选择阅读载体和阅读工具的倾向

表 7-27 家长为婴幼儿选择阅读载体或阅读工具的倾向

选择倾向	人数	百分比	个案百分比
纸质或布艺书刊	245	52.0%	87.2%
音像读物	96	20.4%	34.2%
手机	40	8.5%	14.2%
平板电脑	45	9.6%	16.0%
电子阅读器	24	5.1%	8.5%
电脑	19	4.0%	6.8%
其他	2	0.4%	0.7%
合计	471	100.0%	167.6%
缺失	16	—	—

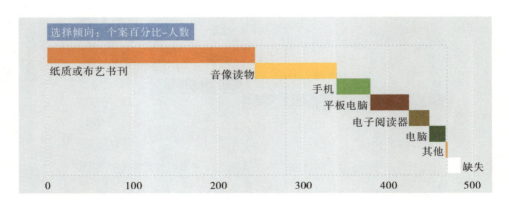

图 7-26 家长为婴幼儿选择阅读载体或阅读工具的倾向

如表 7-27 所示，平均每位家长为婴幼儿选择 1～2 种阅读载体或阅读工具，以纸质或布艺书刊为主，音像读物、电子设备为辅。实体书（包括纸质和布艺书刊）是大部分家长的首选，说明家长偏好传统的阅读方式。多媒体阅读，包括音像阅读和利用手机、平板电脑、电子阅读器、电脑等电子设备阅读，总共个案百分比为79.7%；其中，数字阅读（手机、平板电脑、电子阅读器、电脑阅读）颇受欢迎，个案百分比为45.5%。（见表7-27、图7-26）

7.7.2 数字阅读方式的偏好

如表7-28所示，婴幼儿家长对新式阅读，尤其是数字阅读持开放态度，使用包括手机、平板电脑、电子阅读器、电脑等多样化的电子设备进行阅读，其中手机和平板电脑两种设备使用的比例较多。

表7-28 婴幼儿的数字阅读方式

家长的偏好	人数	百分比	个案百分比
手机阅读/听故事软件	168	45.4%	60.4%
微信公众号	45	12.2%	16.2%
电子书	35	9.5%	12.6%
专门的儿童阅读网站	42	11.4%	15.1%
其他	10	2.7%	3.6%
都没用过	70	18.9%	25.2%
合计	370	100.0%	133.1%
未填	19	—	—

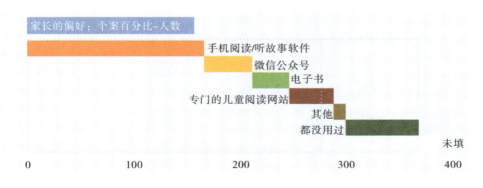

图7-27 婴幼儿的数字阅读方式

在数字阅读方式的偏好上，25.2% 的家长表示没有用过任何上述的数字阅读方式；而有最多家长（60.4%）偏好使用手机阅读/听故事软件，给婴幼儿播放故事录音；使用微信公众号、电子书、专门的儿童阅读网站的比例比较接近，分别为 16.2%、12.6% 和 15.1%。（见表 7-28、图 7-27）

项目组进行实地调查与访谈调查时，发现幼儿园也使用数字设备进行教学与推广阅读。有 4 个受访幼儿园的课室都配有电视和一体机作为教具，部分幼儿园图书馆购置了有声读物和数字阅读工具，如录音带和点读笔等。其中有个幼儿园配备了数字阅读平台，内置有声故事、动画片等各种数字阅读材料，可供小朋友和家长在家里远程使用。

7.8　对婴幼儿阅读的影响

在本次调研中，项目组对影响婴幼儿阅读的主体，主要包括父母、图书馆和幼儿园或早教机构等，以及书店、非营利性质的相关公益组织与团体等进行了调查。

7.8.1　家长为孩子选书的影响因素

表 7-29　家长为婴幼儿孩子选书的影响因素

影响因素	人数	百分比	个案百分比
孩子的喜好	159	25.5%	56.4%
本人或家人的喜好	144	23.1%	51.1%
朋友推荐	93	14.9%	33.0%
育儿专家推荐	82	13.2%	29.1%
幼儿园/早教机构老师推荐	51	8.2%	18.1%
获奖书目	48	7.7%	17.0%
媒体宣传	37	5.9%	13.1%
其他	9	1.4%	3.2%
合计	623	100.0%	220.9%
未填	15	—	—

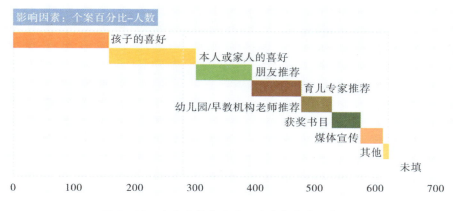

图 7 – 28 家长为婴幼儿孩子选书的影响因素

表 7 – 29 显示，过半婴幼儿父母在选购婴幼儿读物时受到孩子喜好和家长本人喜好的影响；其次，也受到身边朋友、育儿专家和幼儿园或早教机构老师推荐的影响，比例分别是 33.0%、29.1% 和 18.1%。（见表 7 – 29、图 7 – 28）

7.8.2 图书馆对婴幼儿阅读的主要作用

表 7 – 30 图书馆对婴幼儿阅读的主要作用

图书馆的作用	人数	百分比	个案百分比
培养阅读兴趣	237	32.1%	84.3%
提供阅读环境	206	27.9%	73.3%
提供适合的阅读书籍	152	20.6%	54.1%
提供阅读指导	89	12.0%	31.7%
提供阅读设备	49	6.6%	17.4%
没有起到作用	6	0.8%	2.1%
合计	739	100.0%	263.0%
未填	16	—	—

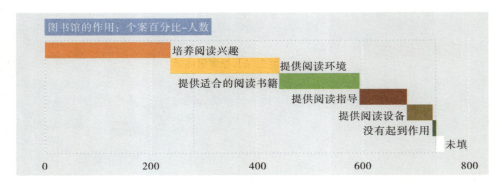

图 7 – 29　图书馆对婴幼儿阅读的主要作用

　　如表 7 – 30 所示，家长普遍认同"培养阅读兴趣"和"提供阅读环境"是图书馆对婴幼儿阅读起到的最主要作用，个案百分比分别为 84.3% 和 73.3%。此外，也有过半家长认为图书馆也在"提供适合的阅读书籍"方面起着重要作用，超过 3 成家长认为图书馆向婴幼儿提供阅读指导以促进阅读。仍有少数家长认为图书馆在阅读促进方面没有起到作用。（见表 7 – 30、图 7 – 29）

7.8.3　幼儿园或早教机构对婴幼儿阅读的主要作用

表 7 – 31　幼儿园或早教机构对婴幼儿阅读的主要作用

幼儿园或早教机构的作用	人数	百分比	个案百分比
培养阅读兴趣	222	29.8%	79.3%
提供阅读指导	171	22.9%	61.1%
提供阅读环境	168	22.5%	60.0%
提供适合的阅读书籍	135	18.1%	48.2%
提供阅读设备	43	5.8%	15.4%
没有起到作用	6	0.8%	2.1%
其他作用	1	0.1%	0.4%
合计	746	100.0%	266.4%
未填	17	—	—

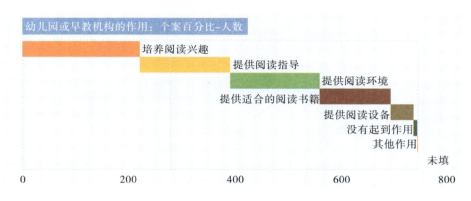

图 7 - 30　幼儿园或早教机构对婴幼儿阅读的主要作用

　　如表 7 - 31，大部分家长认为幼儿园、早教机构等教育机构对婴幼儿阅读起到的最主要作用是"培养阅读兴趣""提供阅读指导""提供阅读环境"，这 3 项个案百分比均等于或超过 60%。选择"提供合适的阅读书籍"的家长有 48.2%。还有少部分家长认为这些机构在"提供阅读设备"方面有帮助（15.4%）。

　　对图书馆与幼儿园或早教机构对婴幼儿阅读的主要作用进行比较，发现两者既有相似之处，也存在差异。相似之处在于，受访家长认为图书馆、幼儿园或早教机构都对阅读产生了正面作用，主要体现为"培养阅读兴趣"和"提供阅读环境"。不同之处在于，图书馆的作用更偏重于"提供合适的阅读书籍"，即为婴幼儿提供馆藏信息资源；而幼儿园或早教机构则侧重于"提供阅读指导"。部分幼儿园配有专门的绘本老师，引导和陪伴孩子阅读。由此可见，为了向婴幼儿及其家长提供更好的服务，图书馆不仅要提供适合的馆藏，而且要提供阅读推广服务，这对图书馆的建设与服务均提出了更高的要求。（见表 7 - 31、图 7 - 30）

7.8.4 不同主体对婴幼儿阅读的影响程度

表 7-32　　不同主体对婴幼儿阅读的影响程度

影响主体	人数	极小值	极大值	均值	标准差
家长	279	1	5	4.88	0.476
幼儿园	274	1	5	4.32	0.830
图书馆	273	1	5	3.87	0.971
其他	76	1	5	3.43	1.340
书店	265	1	5	3.41	1.041
相关公益组织与团体	255	1	5	3.35	1.174
早教机构、课外辅导机构	267	1	5	3.33	1.046

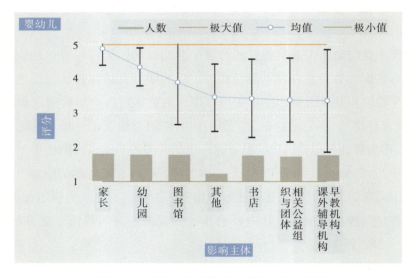

图 7-31　不同主体对婴幼儿阅读的影响程度

　　调查结果显示，不同主体对婴幼儿阅读影响程度的各均值都大于3，即介于"一般""比较重要""非常重要"之间。家长认为自身对婴幼儿阅读的影响最为重要（4.88），而且标准差为0.476，即说明家长之间的意见差异很小，意见相当一致。家长认为幼儿园和图书馆对孩子阅读具有重要影响，分别排在第二位和第三位。"书店""相关公益组织与团体""早教机构、课外辅导机构"具有一定的影响。此外，部分家长认为街道社区、国家和政府的宣传投入、与婴幼儿共读的小伙伴等是"其他"的影响主体。　（见表 7 - 32、图 7 - 31）

第8章 广州市未成年人数字阅读调查报告

据《中国互联网络发展状况统计报告》统计，截至 2016 年 12 月，中国网民规模达 7.31 亿，全年共计新增网民 4299 万人，在新增的网民中，19 岁以下的新增网民占 45.8%，互联网向低龄人群渗透较为明显。①

2017 年 5 月，中国新闻出版研究院发布了《第十四次全国国民阅读调查报告》。该报告显示，2016 年我国成年国民各媒介综合阅读率为 79.9%，较 2015 年上升了 0.3 个百分点。数字化阅读方式（包括网络在线阅读、手机阅读、电子阅读器阅读等）的接触率为 68.2%，较 2015 年上升了 4.2 个百分点。这表明数字化阅读在我国越来越受到欢迎，且呈现为我国国民主流阅读方式的趋势。自 1999 年第一次发布以来，该报告每年都会发布未成年人的图书阅读率，但未曾发布未成年人的数字阅读相关情况②。

现在的未成年人一般出生在 1999 年以后，自出生以来，一直生活在强大无比的数字世界当中，数字与网络已经成为他们日常生活中不可或缺的部分，他们与生俱来地适应数字化的生活方式，乐于利用各种高新科技产品。

为了更好地了解广州市未成年人的数字阅读状况，项目组在策划和设计本次调查研究时，专门设计了未成年人数字阅读的相关指标与调查问题，在开展问卷调查、访谈调查与实地调查时，特意对广州市未成年人的数字阅读状况进行了调查研究，在此基础上完成了此专项报告，以期为各级政府与相关机构提供参考借鉴。

---

① 中国互联网络信息中心. 中国互联网络发展状况统计报告 [EB/OL]. (2017 – 01 – 22) [2017 – 04 – 01]. http://cnnic.cn/hlwfzyj/hlwxzbg/hlwtjbg/201701/P020170123364672657408.pdf.

② 中央人民广播电台. 第十四次国民阅读调查报告发布 数字化阅读率提升显著 [EB/OL]. (2017 – 04 – 19) [2017 – 05 – 27]. http://china.cnr.cn/gdgg/20170419/t20170419_523714122.shtml.

8.1　未成年人数字阅读和纸质阅读的倾向

8.1.1　未成年人各年龄段阅读载体倾向

表 8 – 1　未成年人各年龄段数字阅读和纸质阅读的倾向

阅读倾向	婴幼儿		学龄前儿童		小学生		中学生		合计	
	人数	百分比	人数	百分比	人数	百分比	人数	百分比	人数	百分比
数字阅读	33	11.1%	32	9.0%	204	14.7%	79	10.8%	348	12.6%
纸质阅读	190	64.0%	220	61.8%	948	68.5%	369	50.4%	1727	62.4%
两者都可	55	18.5%	99	27.8%	159	11.5%	267	36.5%	580	20.9%
都不喜欢	—	—	—	—	49	3.5%	8	1.1%	57	2.1%
其他	3	1.0%	5	1.4%	—	—	—	—	9	0.3%
缺失	16	5.4%	0	0.0%	24	1.7%	9	1.2%	48	1.7%
合计	297	100.0%	356	100.0%	1384	100.0%	732	100.0%	2769	100.0%

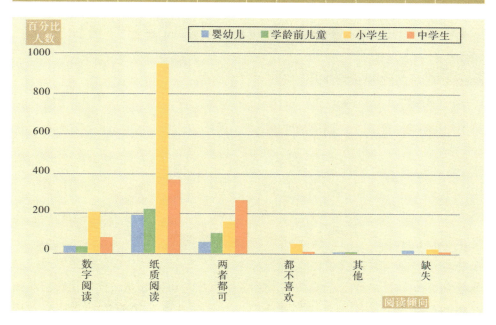

图 8 – 1　未成年人各年龄段数字阅读和纸质阅读的倾向

表 8-1 反映了未成年人各年龄段数字阅读和纸质阅读的倾向，可见超过 6 成的未成年人更倾向纸质阅读。每个年龄段的未成年人呈现了各自的不同特点：作为最喜欢阅读的未成年人群体，小学生最具特点，他们最多人喜欢纸质阅读（68.5%），也有最多人喜欢数字阅读（14.7%）；中学生是最多人认为数字阅读和纸质阅读两种方式都可以的群体，占 36.5%；学龄前儿童与婴幼儿呈现相似的特点，都最喜欢纸质阅读（61.8% 与 64.0%），其次认为数字阅读和纸质阅读两种方式都可以（27.8% 与 18.5%）。（见表 8-1、图 8-1）

8.1.2 婴幼儿和学龄前儿童阅读载体倾向性

表 8-2　婴幼儿家长对阅读载体或阅读工具的偏好

偏好	人数	百分比	个案百分比
纸质或布艺书刊	245	52.0%	87.2%
音像读物	96	20.4%	34.2%
手机	40	8.5%	14.2%
iPad 等平板电脑	45	9.6%	16.0%
电子阅读器（如 Kindle 等）	24	5.1%	8.5%
电脑（台式机或手提电脑）	19	4.0%	6.8%
其他	2	0.4%	0.7%
总计	471	100.0%	167.6%
未填	16	—	—

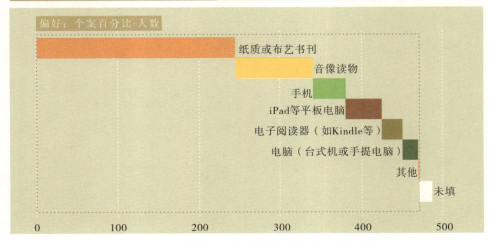

图 8-2　婴幼儿家长对阅读载体或阅读工具的偏好

在阅读载体或阅读工具的选择上，大部分（87.2%）的家长倾向于为婴幼儿选择"纸质或布艺书刊"，34.2%的家长选择"音像读物"，16.0%的家长选择"iPad等平板电脑"，14.2%的家长倾向于"手机"给孩子阅读，也有小部分家长选择"电子阅读器（如Kindle等）""电脑（台式机或手提电脑）"，但比例不高，分别占8.5%和6.8%。（见表8-2、图8-2）

表8-3　学龄前儿童家长对阅读载体或阅读工具的偏好

偏好	人数	百分比	个案百分比
纸质或布艺书刊	319	52.0%	89.6%
音像读物	118	19.2%	33.1%
手机	59	9.6%	16.6%
iPad等平板电脑	57	9.3%	16.0%
电子阅读器（如Kindle等）	23	3.7%	6.5%
电脑（台式机或手提电脑）	35	5.7%	9.8%
其他	3	0.5%	0.8%
总计	614	100.0%	172.4%

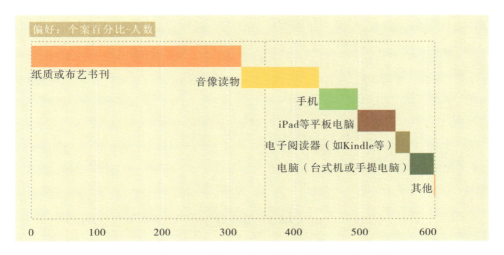

图8-3　学龄前儿童家长对阅读载体或阅读工具的偏好

关于学龄前儿童家长对阅读载体或阅读工具的偏好，最多家长（89.6%）

选择"纸质或布艺书刊";其次是数字阅读的载体或阅读工具,选择"手机""iPad 等平板电脑""电子阅读器(如 Kindle 等)""电脑(台式机或手提电脑)"分别占 16.6% 、16.0% 、6.5% 及 9.8% ;选择"音像读物"的占 33.1% 。(见表 8 –3 、图 8 –3)

根据上述调查结果,婴幼儿与学龄前儿童家长对阅读载体的倾向性比较近似,都最偏好纸质或布艺书刊,其次是音像读物,同时也喜欢利用数字阅读载体与阅读工具。

8.1.3　中小学生阅读载体倾向的原因

表 8 –4　中小学生选择纸质阅读的原因

原因	小学生		中学生		合计	
	人数	个案百分比	人数	个案百分比	人数	个案百分比
习惯读纸本	815	59.6%	338	46.5%	1153	55.0%
方便做记录、做读书笔记	150	11.0%	303	41.7%	453	21.6%
可以读得更认真	—	—	339	46.6%	339	16.2%
可以收藏	516	37.7%	265	36.5%	781	37.3%
没有电脑、手机等数字阅读工具	56	4.1%	25	3.4%	81	3.9%
家长平时不让用电脑、手机	142	10.4%	106	14.6%	248	11.8%
更便宜	—	—	26	3.6%	26	1.2%
家长只给我买纸质书	136	9.9%	—	—	136	6.5%
保护眼睛	649	47.4%	368	50.6%	1017	48.5%
其他	34	2.5%	22	3.0%	56	2.7%
合计	2498	182.6%	1792	246.5%	4290	204.8%
未填	16	—	5	—	21	—

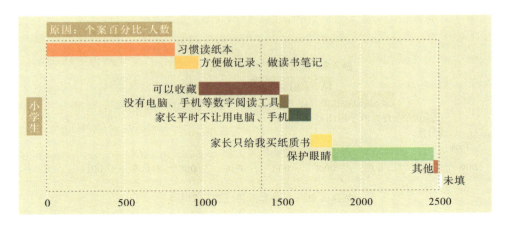

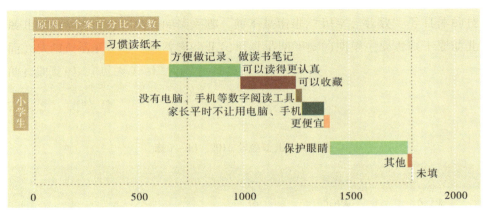

图 8 - 4　中小学生选择纸质阅读的原因

中小学生选择纸质阅读的主要原因分别是"习惯读纸本"（55.0%）、"保护眼睛"（48.5%）和"可以收藏"（37.3%）。有10.4%的小学生及14.6%的中学生认为他们愿意数字阅读，但是学校、家长平时不允许使用。还有4.1%的小学生及3.4%的中学生选择纸质阅读的原因是因为他们"没有电脑、手机等数字阅读工具"。此外，有9.9%的小学生选择纸质阅读的最主要原因是"家长只给我买纸质书"。（见表8 -4、图8 -4）

表 8 - 5　中小学生选择数字阅读的主要原因

原因	小学生		中学生		合计	
	人数	个案百分比	人数	个案百分比	人数	个案百分比
习惯这种阅读方式	288	21.4%	102	14.7%	390	19.1%
可以互动	206	15.3%	86	12.4%	292	14.3%
有声音图像等，非常生动	284	21.1%	176	25.3%	460	22.5%
容易获取	409	30.3%	399	57.3%	808	39.5%
便于检索信息	421	31.2%	171	24.6%	592	29.0%
带着方便	203	15.1%	359	51.6%	562	27.5%
方便复制和分享	308	22.8%	214	30.7%	522	25.5%
收费少，甚至免费	277	20.5%	235	33.8%	512	25.0%
其他	27	2.0%	11	1.6%	38	1.9%
没用过这些	313	23.2%	63	9.1%	376	18.4%
合计	2736	203.0%	1816	261.1%	4552	222.7%
未填	36	—	36	—	72	—

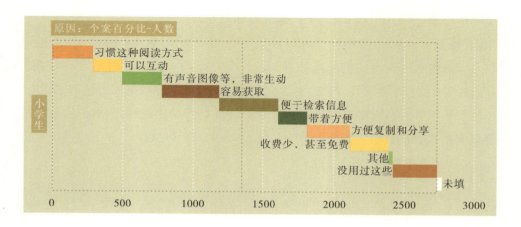

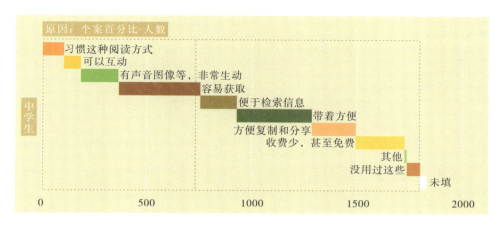

图 8-5　中小学生选择数字阅读的主要原因

由表 8-5 可见，两个群体选择数字阅读的原因大同小异。小学生选择数字阅读的最主要原因是"便于检索信息"（31.2%）、"容易获取"（30.3%）以及"方便复制和分享"（22.8%）。而中学生选择数字阅读的主要原因是"容易获取"（57.3%）、"带着方便"（51.6%）以及"收费少，甚至免费"（33.8%）。这说明，数字阅读所具有的容易获取、便于检索、携带方便等特点，正是吸引中小学生进行数字阅读的主要原因。值得注意的是，导致部分中小学生没有选择数字阅读的原因是没有用过这些数字阅读设备，包括23.2%的小学生、9.1%的中学生，小学生未接触数字阅读的比例多于中学生。（见表 8-5、图 8-5）

8.2　未成年人数字阅读状况

8.2.1　婴幼儿和学龄前儿童的数字阅读工具

表 8-6　家长为孩子选择的数字阅读工具

数字阅读工具	婴幼儿		学龄前儿童		合计	
	人数	个案百分比	人数	个案百分比	人数	个案百分比
手机上的阅读/听故事软件（App）	168	60.4%	203	57.7%	371	58.9%

续表

数字阅读工具	婴幼儿		学龄前儿童		合计	
	人数	个案百分比	人数	个案百分比	人数	个案百分比
微信公众号	45	16.2%	59	16.8%	104	16.5%
电子书	35	12.6%	27	7.7%	62	9.8%
专门的儿童阅读网站	42	15.1%	80	22.7%	122	19.4%
其他	10	3.6%	23	6.5%	33	5.2%
都没用过	70	25.2%	89	25.3%	159	25.2%
总计	370	133.1%	481	136.6%	851	135.1%
未填	19	—	4	—	23	—

如表 8 - 6 所示，家长为婴幼儿选择数字阅读工具时，选择"手机上的阅读/听故事软件（APP）"的人数最多，超过 6 成（60.4%），16.2%的家长选择"微信公众号"，15.1%的家长选择"专门的儿童阅读网站"，3.6%的家长选择"其他"，25.2%的家长没有让他们这个年龄段的小孩接触数字阅读。

家长为学龄前儿童选择数字阅读工具时，超过半数的家长（57.7%）选择"手机上的阅读/听故事软件（APP）"，22.7%的家长选择了"专门的儿童阅读网站"，16.8%的家长选择了"微信公众号"，7.7%的家长选择了"电子书"。此外，25.3%的家长没有让他们这个年龄段的小孩使用数字阅读。由此可见，手机还是家长们为这个年龄段的孩子选择数字阅读的主要方式。

无论是婴幼儿还是学龄前儿童，家长都倾向于为他们选择在手机上阅读，总计 58.9%。作为第二种优先选择方式，婴幼儿的家长选择的是微信公众号，而学龄前儿童的家长选择的是专门的儿童阅读网站。

8.2.2　中小学生数字阅读状况

8.2.2.1　上网时间

表8-7　中小学生的上网时间

上网时间	小学生		中学生		合计	
	人数	有效百分比	人数	有效百分比	人数	有效百分比
不上网	225	16.5%	54	7.4%	279	13.3%
15 分钟以内	391	28.6%	96	13.2%	487	23.3%
15～30 分钟	330	24.2%	138	19.0%	468	22.4%
0.5～1 小时	192	14.1%	131	18.1%	323	15.4%
1～2 小时	151	11.1%	169	23.3%	320	15.3%
2 小时以上	77	5.6%	137	18.9%	214	10.2%
缺失	18	—	7	—	25	—
合计	1384	100.0%	732	100.0%	2116	100.0%

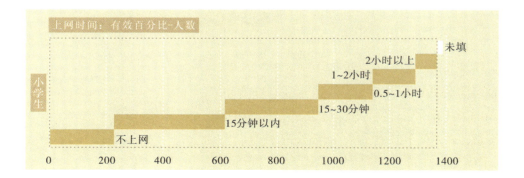

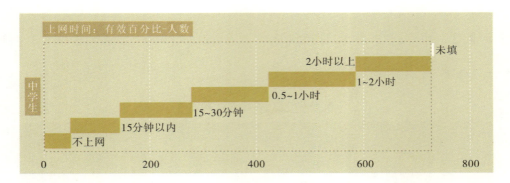

图 8 - 6　中小学生的上网时间

从表 8 - 7 可以看出，小学生的上网时间较短，选择"15 分钟以内"的人数较多，且小学生的上网时长与选择人数成反比。而中学生的上网时长明显要比小学生长，上网时长为"1 ～ 2 小时"的占 23.3%，上网时长为"15 ～ 30 分钟"的占 19.0%。（见表 8 - 7、图 8 - 6）

8.2.2.2　上网行为

表 8 - 8　中小学生的上网行为

上网行为	小学生		中学生		合计	
	人数	个案百分比	人数	个案百分比	人数	个案百分比
打网络游戏	389	28.2%	334	45.7%	723	34.2%
网上聊天/交友	279	20.2%	494	67.6%	773	36.6%
看影视剧/看动画片、电影	554	40.1%	375	51.3%	929	44.0%
看书/漫画	380	27.5%	390	53.4%	770	36.5%
网上学习	502	36.4%	277	37.9%	779	36.9%
听歌	534	38.7%	541	74.0%	1075	50.9%
听故事	217	15.7%	—	—	217	10.3%
刷朋友圈/微博	97	7.0%	277	37.9%	374	17.7%
搜寻信息	400	29.0%	354	48.4%	754	35.7%
看新闻	245	17.8%	264	36.1%	509	24.1%
购物	—	—	158	21.6%	158	7.5%

续表

上网行为	小学生		中学生		合计	
	人数	个案百分比	人数	个案百分比	人数	个案百分比
其他	23	1.7%	23	3.1%	46	2.2%
从不上网	159	11.5%	—	—	159	7.5%
合计	3779	273.8%	3487	477.0%	7266	344.2%
缺失	4	—	1	—	5	—

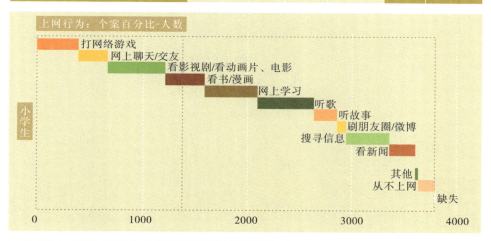

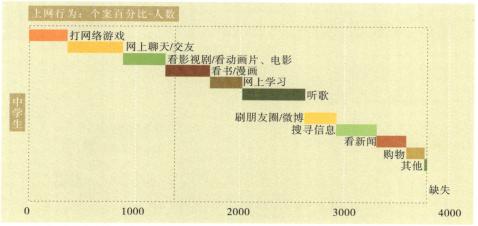

图8-7　中小学生的上网行为

从表 8-8 可知，中小学生两个群体的上网行为呈现多样性。小学生上网主要的目的是"看影视剧/看动画片、电影"（40.1%）、"听歌"（38.7%）以及"网上学习"（36.4%），而中学生上网最主要的目的是"听歌"（74.0%）、"网上聊天/交友"（67.6%）以及"看书/漫画"（53.4%），这说明小学生上网的主要目的是休闲娱乐和学习，而中学生上网的主要目的是休闲娱乐和社交。（见表 8-8、图 8-7）

8.2.2.3 上网工具

表 8-9 中小学生的上网工具

上网工具	小学生		中学生		合计	
	人数	个案百分比	人数	个案百分比	人数	有效百分比
电脑	754	54.7%	259	35.6%	1013	48.1%
手机	921	66.8%	608	83.5%	1529	72.6%
iPad 等平板电脑	375	27.2%	169	23.2%	544	25.8%
电子书阅读器	68	4.9%	67	9.2%	135	6.4%
其他	15	1.1%	2	0.3%	17	0.8%
从不上网	154	11.2%	36	4.9%	190	9.0%
合计	2287	166.0%	1141	156.7%	3428	162.8%
未填	6	—	4	—	10	—

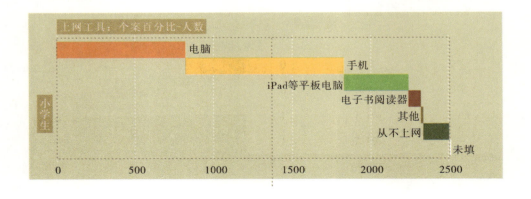

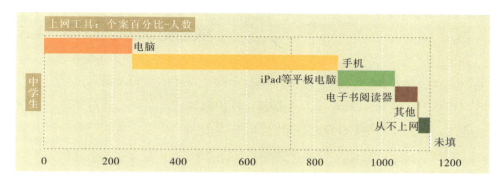

图 8 - 8　中小学生的上网工具

　　由表 8 - 9 可见，手机是中小学生上网最常用的工具，66.8% 的小学生使用，83.5% 的中学生使用；其次是电脑，54.7% 小学生使用，35.6% 的中学生使用；再次是 iPad 等平板电脑，27.2% 的小学生使用，23.2% 的中学生使用。由此可见，中学生与小学生最常使用上网工具的前三名都是一致的，分别是手机、电脑和 iPad 等平板电脑。（见表 8 - 9、图 8 - 8）

8.2.2.4　数字阅读时长

表 8 - 10　中小学生平均每天的数字阅读时长

数字阅读时长	小学生		中学生		合计	
	人数	有效百分比	人数	有效百分比	人数	有效百分比
基本不看	248	18.2%	132	18.1%	380	18.2%
15 分钟以内	348	25.6%	146	20.1%	494	23.7%
15～30 分钟	378	27.8%	209	28.7%	587	28.1%
0.5～1 小时	167	12.3%	99	13.6%	266	12.7%
1～2 小时	131	9.6%	85	11.7%	216	10.3%
2 小时以上	88	6.5%	57	7.8%	145	6.9%
缺失	24	—	4	—	28	—
合计	1384	100.0%	732	100.0%	2116	100.0%

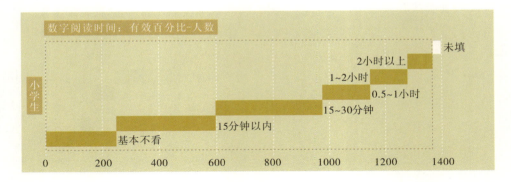

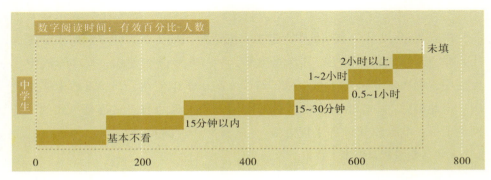

图 8 - 9　中小学生平均每天的数字阅读时长

从表 8 - 10 可以看出，大部分的中小学生进行数字阅读，其中，53.4%的小学生与 48.8%的中学生平均每天进行半小时以内的数字阅读，而超过 1个小时的小学生（16.1%）与中学生（19.5%）都不多。与此同时，有18.2%的小学生与 18.1%的中学生基本上不进行数字阅读，小学生的这个比例高于上网行为的调查结果中从不上网的比例（11.5%），这说明部分小学生上网但不进行数字阅读。总体来看，中小学生普遍进行数字阅读，但是数字阅读的时间较短。（见表 8 - 10、图 8 - 9）

8.3　相关机构对未成年人数字阅读的态度

8.3.1　教育机构对未成年人数字阅读的态度

根据本次的问卷、访谈与实地调查的结果，幼儿园教师与园长、中小学教师与校长都认同数字阅读具有便捷化、易获取等优点，并且也意识到学生在成长的过程中不可避免地接触数字阅读。但是，在实际工作中，幼儿园与中小学对数字阅读持不同态度。受访幼儿园教师与园长表示，数字资源和纸质读物可以相结合，传统阅读和数字阅读可以同时推进，不可有所偏废，最终目的是让孩子爱上阅读。而中小学教师与校长基本不支持学生进行数字阅读，其主要原因是他们认为数字阅读的效果并不好，学生的自控力较差，使用电子设备多用于休闲娱乐或者社交聊天。因此，目前几乎所有受访中学均禁止学生携带手机等电子设备入校。

从受访中小学图书馆的数字资源建设来看，大部分图书馆并未配置数字信息资源，且只有小部分中小学提供仅供教师使用的无线网络。值得关注的是，截至目前，中小学图书馆不能共享广州市区级图书馆的数字信息资源，只有部分学校整合了全国文化共享工程、农家书屋等项目的资源，主要包括图书和电脑，受访中小学图书馆的数字信息资源较为匮乏。

8.3.2　公共图书馆对数字阅读的态度

公共图书馆对于数字阅读是持积极态度的。如广州少儿馆，馆内配备有电脑、VR、AR 等先进的设备，供到馆用户免费使用。但是，数字阅读在实际的推广中并没有想象中的顺利，主要原因是家长并不想让孩子们去玩手机、电脑等，担心孩子们更多的是在玩游戏，而非进行数字阅读。但正如广州少儿馆相关负责人所言："数字阅读是一个阅读的趋势，需要做相关宣传和推广。毕竟它是很好的资源。但是要在使用时间上进行控制。"

虽然，《中国互联网络发展状况统计报告》指出互联网向低龄人群渗透明显，但是，由于学校教师与家长因为担心学生使用电子设备不是用来阅读，而是进行休闲娱乐社交等活动，因此不鼓励未成年人使用数字设备，加上学校禁止学生携带电子设备进校，这就造成了公共图书馆在未成年人中推广数字阅读的现实障碍。

后 记

　　为了全面调查广州市未成年人阅读现状，更好地推广并促进广州市未成年人阅读，广州少儿馆委托中山大学图书馆与资讯科学研究所承担"广州市未成年人阅读调查研究"项目的研究工作，并由上述两个单位组成项目组，于 2016 年 4 月至 2017 年 3 月期间，采用问卷调查、访谈调查与实地调查相结合的研究方法，从阅读态度、阅读行为、阅读资源、阅读影响、数字阅读等方面，对广州市未成年人的阅读状况开展了调查研究。作为该项目的最终研究成果——《2017 年广州市未成年人阅读年度报告》，已由广州少儿馆于 2017 年六一儿童节当天举办的"乐享少图　阅动羊城"广州市第 38 届"羊城之夏"青少年暑期系列活动启动仪式上正式发布。

　　本书包括整体报告和专项报告两个部分：整体报告即是已发布的部分，主要是在对广州市未成年人阅读的总体状况进行调查研究的基础上，对中学生、小学生、学龄前儿童和婴幼儿 4 个年龄段未成年人的阅读现状进行了横向比较研究；专项报告分别对上述 4 个年龄段未成年人的阅读现状，以及未成年人数字阅读状况，逐一进行了深入细致的分析研究。因此，本书可看作是该项目的延伸研究成果。

　　2017 年 4 月至 7 月，我们对调查报告进行多次校对、修订，数易其稿之后完成了全书的定稿。潘燕桃、唐琼、肖鹏承担了全书的策划、统筹和大纲撰写工作，潘燕桃、肖鹏、唐琼、彭嗣禹承担了书稿的修订、编辑、统稿和审稿工作，吴翠红承担了部分内容的审稿工作，肖鹏、彭嗣禹、文琴、陈润好、陈香、黄彩虹、郑光照、李雨蒙承担了书稿的整理、合并和校对工作。全书各章节初稿撰写的具体分工情况如下：

　　第一章：第一、二节由陈润好、李龙渊撰写，第三节由文琴、黄彩虹撰写；

　　第二章：由陈润好、李龙渊撰写；

第三章：第一至三节由彭嗣禹、文琴撰写，第四节由彭嗣禹、文琴、李龙渊、苏日娜、李雨蒙、冯芳玲、郑光照撰写；

第四章：由吴啸吟、刘佳亲撰写；

第五章：由彭嗣禹撰写；

第六章：由李雨蒙撰写；

第七章：由黄彩虹撰写；

第八章：由罗艺杰、陈香撰写。

本书将是我国第一部正式出版的未成年人阅读年度报告，它凝聚着项目组全体成员的集体智慧与辛勤付出。值得一提的是，唐琼、肖鹏对本书的总体思路和著作结构进行了认真谋划与精心设计，彭嗣禹、文琴和陈润好等同学为调查数据的整理、统计和校对付出了艰辛努力与辛勤劳动，在此谨向他们表示衷心的感谢。特别感谢参与"广州市未成年人阅读调查研究"项目调查的全体同学！在本次调查中，许多中小学和幼儿园等单位及个人提供了大力的支持与帮助，在此一并表示感谢！诚挚感谢广东人民出版社副总编辑柏峰女士、责任编辑张贤明先生等同仁为本书的编辑出版提出的宝贵意见和提供的大力支持。

由于本书内容涉及数据繁多，而调研时间又特别紧张，同时囿于认识水平与书稿篇幅，难免存在不足和谬误，敬祈专家学者和广大读者批评指正。

潘燕桃

中山大学图书馆与资讯科学研究所副所长

中山大学资讯管理学院教授

2017 年 10 月 10 日

"广州市未成年人阅读调查研究" 项目组

主持人

| 潘燕桃 | 中山大学图书馆与资讯科学研究所 | 副所长 |
| | 中山大学资讯管理学院 | 教授 |

参加者

吴翠红	广州少年儿童图书馆	副馆长　研究馆员
唐　琼	中山大学资讯管理学院	副教授
肖　鹏	中山大学资讯管理学院	副研究员
彭嗣禹	中山大学资讯管理学院	博士研究生
聂勇浩	中山大学资讯管理学院	副教授
石彩霞	广州少年儿童图书馆	副研究馆员
张淑文	广州少年儿童图书馆	副研究馆员
文　琴	中山大学资讯管理学院	博士研究生
苏日娜	中山大学资讯管理学院	博士研究生
陈润好	中山大学资讯管理学院	博士研究生
罗艺杰	中山大学资讯管理学院	博士研究生
李雨蒙	中山大学资讯管理学院	博士研究生
黄彩虹	中山大学资讯管理学院	本科生
陈　香	中山大学资讯管理学院	硕士研究生
李龙渊	中山大学资讯管理学院	硕士研究生
郑光照	中山大学资讯管理学院	硕士研究生
吴啸吟	中山大学资讯管理学院	硕士研究生
刘佳亲	中山大学资讯管理学院	硕士研究生
史　拓	广州少年儿童图书馆	副研究馆员
吴小曼	广州少年儿童图书馆	馆　员

266